CARTOUCHE,

MÉLODRAME EN TROIS ACTES.

Par MM. THÉODORE N... et ARMAND Ov...;

Musique de M. *Adrien*, Ballet de M. *Blache*.

Représenté, pour la première fois, à Paris, sur le Théâtre de l'Ambigu-Comique, le 23 Janvier 1827.

PRIX : 1 fr. 50 c.

PARIS.
QUOY, LIBRAIRE,
ÉDITEUR DE PIÈCES DE THÉATRE,
BOULEVARD SAINT MARTIN, N. 18.

1827.

CARTOUCHE,

MÉLODRAME EN TROIS ACTES

Par MM. Théodore N..., et Armand Ov...,

Musique de M. *Adrien*, Ballet de M. *Blache*.

Représenté, pour la première fois, à Paris, sur le Théâtre de l'Ambigu-Comique, le 13 Janvier 1827.

Prix : 1 fr. 50 c.

PARIS.
QUOY, LIBRAIRE,
ÉDITEUR DE PIÈCES DE THÉATRE,
BOULEVARD SAINT MARTIN, N. 18.

1827.

PERSONNAGES. ACTEURS.

CARTOUCHE, (au premier acte sous le nom de Saint-Alban.) — M. FRÉDÉRIK-LEMAITRE.
CHARLES, frère de Cartouche. — M. CHÉRY.
EUGÈNE DE COURVAL, cousin d'Alphonsine. — M. DAVESNE.
DUMÉNIL, lieutenant de Cartouche, (au premier acte sous le nom de Limeuil.) — M. VAUTRIN.
BEAULIEU, autre lieutenant de Cartouche. — M. CARON.
MATHIEU, maître d'auberge. — M. BARON.
PIERRE LEROUX, jardinier de Mad. de Méran. — M. PAUL.
MAD. DE MÉRAN, femme âgée et aveugle. — MAD. VERTEUIL.
ALPHONSINE, sa fille. — MLLE. OLIVIER.
CAMILLE DE ST.-ALBAN. — MAD. VSANNAZ.
MADELON, nièce de Mathieu. — Mlle. ÉLÉONORE.
ANDRÉ, } savoyards. — M. JOLY.
JACQUES, — M. GILBERT.
JEAN, garçon d'auberge. — M. CHOL.
Ier. ARCHER. — M. SALÉ.
IIe. ARCHER. — M. BOURGEOIS.
CAMPAGNARDS INVITÉS.
VOLEURS, SOLDATS, ARCHERS, PAYSANS, VALETS, etc.

Ⓒ

La Scène se passe à 20 lieues de Paris, en 1720.

CARTOUCHE,

MÉLODRAME EN TROIS ACTES.

ACTE PREMIER.

Le Théâtre représente un joli Jardin, dont l'entrée est fermée par une grille. A gauche, un pavillon. A droite, un berceau.

SCENE PREMIERE.

MATHIEU, PIERRE LEROUX.

(*Au lever du rideau, Mathieu ratisse les allées, et Pierre Leroux mange un énorme morceau de pain et de fromage.*)

PIERRE LEROUX, la bouche pleine.
Comme il en ratisse ! comme il en ratisse !

MATHIEU.
Chien de métier !... je suis tout en nage.

PIERRE LEROUX.
Allez toujours, père Mathieu; je suis-là, moi.

MATHIEU.
Parbleu, je le vois bien que tu es là.

PIERRE LEROUX.
Puisque vous avez voulu m'aider...

MATHIEU.
Eh bien, oui, mais c'est que tu ne m'aides guère, toi. Depuis que je suis ici, tu n'as fait que manger.

PIERRE LEROUX.

F'aut bien vivre.

MATHIEU.

J' quitte mon auberge pour venir passer un jour ou deux avec toi, pour te voir.. et me délasser... et tu me fais travailler jarni comme un homme d' corvée.

PIERRE LEROUX.

C'est que j'sais qu' chez vous l' travail est un' habitude..., et n' faut pas perdre ses habitudes... Oh! là, là, v'là qu' j'étouffe; j' burais bon, père Mathieu.

MATHIEU.

Allons, v'là qu'il veut boire à présent.

PIERRE LEROUX.

Pisque j'étouffe... heureusement que j'ons-là une commère qui ne me quitte jamais... En avant la dame Jeanne!...

(*Il boit à même.*)

MATHIEU.

C'est pas l'embarras, je n' s'rais pas fâché de m'arroser un peu aussi... quand tu auras fini.

PIERRE LEROUX.

Quand j'aurai fini? ah! oui...

(*Il continue de boire. On entend chanter dans la coulisse.*)

MATHIEU.

J' crois qu' j'entends ma nièce.

PIERRE LEROUX.

Madelon!... en réserve l'arsenal.

MATHIEU.

Donne donc, que j' me rafraîchissions à mon tour.

PIERRE LEROUX.

Du tout, du tout, Madelon nous prendrait pour des ivrognes.

MATHIEU.

Mais j' mourons de soif, moi.

PIERRE LEROUX.

C'est égal, j' tenons trop à l'estime d' voul' nièce pour permettre...

MATHIEU.

Que l' diable t'emporte avec ton estime!

PIERRE LEROUX.

Silence! la v'là.

SCÈNE II.

Les Mêmes, MADELON.

MADELON, dans la coulisse.

Air : *Nouveau de M. Amédée.*

C'est en vain que la p'tite
　　Toinon,
Veut faire marcher plus vite
　　Manon.　　　　　　　*Bis.*

Ell' répèt' tant qu' la journé' dure :
Mon dieu ! qu'un âne a la têt' dure !　(*Bis.*)
C'est en vain que la p'tite
　　Toinon,
Veut faire marcher plus vite
　　Manon.
All' répète tant qu' la journé' dure :
Mon dieu ! qu'un âne a la têt' dure !　(*Ter.*)
　　Tra, là, là, là, là, là,
　　Tra, là, là, là, là, lère,
　　Tra, là, là, là, là, là.　(*Bis.*)
　　Manon va donc,
　　Va donc Manon,
　　Manon va donc !

Deuxième couplet.

Pour mieux s'faire comprendre
　　D' l'anon,　　　　　　*Bis.*
Ell' ne s'gên' pas pour prendre
　　L' bâton.
L'ân' rue... et v'là qu'auprès d'une butte,
La pauvr' Toinon fait la culbute...　(*Bis.*)
C'est en vain, etc.

Troisième couplet.

Dans c'te drôle d' posture,
　　Toinon,
Allait...

PIERRE LEROUX, continuant.

Veux-tu ben t' taire,
　　Mad'lon ?...

MATHIEU.

Pourquoi donc qu' tu l'arrêtes ?

PIERRE LEROUX.
Pis qu'elle chante des bêtises.

MATHIEU.
Ah! ça, mais te v'là ben gaie, Madelon?

MADELON, riant.
Oh! oh! oh!...

PIERRE LEROUX, riant aussi.
Hi! hi! hi!

MADELON.
Dam! j'vas à la ville; ça m'ennuie, et je chante.

PIERRE LEROUX.
C'est comme moi, j'chante toujours quand j'suis triste.

MATHIEU.
On ne peut pas disputer des goûts.

PIERRE LEROUX.
Mais pourquoi vas-tu à la ville aujourd'hui? tu sais bien qu'il y a fête à la maison?...

MADELON.
Ça n'empêche pas que j'ai mes fruits et mes légumes à vendre... n'faut pas qu'les plaisirs empêchent les affaires.

MATHIEU.
C'est ben, Madelon; faut être intéressée, c'est une grande vertu.

PIERRE LEROUX.
Ah ben, c'te vertu-là, vertubleu! ell'la possède joliment. Dieu! l'est-elle intéressée, l'est-elle!

MADELON.
Et pis, j'm'arrangerai d'manière à être revenue pour la fête, parce qu'il n'faut pas qu'les affaires empêchent les plaisirs...

PIERRE LEROUX.
A-t-elle un fil! queu fameux fil!...

MATHIEU.
Y paraît qu'on s'en donnera aujourd'hui cheux vous?...

PIERRE LEROUX.
J'crois ben, mais pas tant que j'croyais; y s'agissait d'abord rien moins que d'un bal musqué!

MADELON.
Un bal musqué!..... quoiqu' c'est donc qu'ça, Pierre Leroux?.....

PIERRE LEROUX.

Un bal musqué!... c'est tiré du latin... Ça veut dire que les danseurs ont deux visages... C'est le magister qui m'a expliqué ça.

MATHIEU.

Dieu!... que j' voudrais être savant...

MADELON.

Dis donc, Pierre Leroux, si nous allions dans un bal musqué, est-ce que nous aurions itou deux visages, nous?...

PIERRE LEROUX.

Oh! non... ça n'est permis qu'aux beaux Messieurs d'la ville, ça, vois-tu, Madelon. Mais à défaut de visages, monsieur de Saint-Alban a permis à des farceurs, des jongleurs, des sorciers et des sorcières, de venir divertir la compagnie... parce que, vois-tu, la belle société ça a bien plus d' peine à s'amuser que les autres... Ah! nous allons joliment rire!

MADELON.

Oh! oh! oh!...

PIERRE LEROUX.

Hi! hi! hi!...

MADELON.

Faut convenir que c' monsieur de Saint-Alban est un homme bien avenant; il n' sait queux plaisirs inventer pour plaire à mademoiselle Alphonsine; arrivé d'hier, aujourd'hui il donne bal... c'est pas perdre de temps; aussi madame de Méran l' voit-elle avec des yeux...

PIERRE LEROUX.

All' ne l' voit pas du tout, pis qu'elle est aveugle.

MADELON.

Qu' t'es donc bête, Pierre Leroux, j' veux dire qu'alle en est entichée, quoi!

PIERRE LEROUX.

C'est que tu disais qu'all' l' voyait avec des yeux...

MATHIEU.

Mais c' pauvre monsieur Eugène de Courval, quoi qu'il dira, quand il apprendra c' mariage-là? lui qui devait épouser sa cousine?...

MADELON.

Ah! dam! les absens ont tort.. et puis on l'a prévenu... mais bath, il se consolera.

PIERRE LEROUX.

Alors il sera léger.

MATHIEU.

Il est vrai de dire que la jeunesse aujourd'hui...

PIERRE LEROUX.

J' me consolerais pas, moi.. j' suis pas léger.

MADELON.

D'ailleurs, tout ça n' nous regarde pas; monsieur de Saint-Alban est généreux, et v'là l' principal pour les domestiques.

PIERRE LEROUX.

Et voilà !...

MADELON.

Ah ! mon dieu ! j'aperçois madame de Méran et sa fille au bout de la grande avenue; il paraît qu'on a dîné... il est plus tard que je ne croyais... et mon âne qui m'attend... je me sauve.

MATHIEU.

Fais galoper Martin, entends-tu Madelon... On dit que ce maudit Cartouche rôde dans les environs, et j' n'aime pas à te savoir seule sur la route, qui n'est guère fréquentée depuis quelque temps. Aussi mon auberge s'en ressent-elle !... c' coquin-là a ôté à ben du monde l' goût des voyages.

PIERRE LEROUX.

Le scélérat de brigand !... c'est pas que je l' craigne positivement; mais j' tremble rien qu'en entendant prononcer son nom.

MADELON.

Qu' voulez-vous qu'il me fasse ?...

PIERRE LEROUX.

Dites donc, père Mathieu, all' demande ça... (à *Madelon*.) Fais galoper Martin, v'là tout.

MADELON.

Soyez tranquilles. (*regardant dans la coulisse*.) Martin, ohé !...

MATHIEU.

A propos... c'est demain ma fête, et je vous attends tous deux à dîner chez moi.

MADELON.

C'est dit !... adieu, mon oncle; à revoir Pierre Leroux.

MATHIEU.

Adieu, mon enfant.

PIERRE LEROUX, tristement.

A r'voir, Madelon.

MADELON, *sort en chantant.*

Manon va donc !
Va donc, Manon !
Manon va donc !

SCENE III.

MATHIEU, PIERRE LEROUX.

PIERRE LEROUX.

Faut convenir qu'alle est joliment jolie... et aimable!... c'est malheureux qu'alle pleure pour un rien... une croquignole, un' taloche... la moindre des choses lui arrache des larmes; mais aussi elle rit aussi facilement qu'all' pleure : ça fait compensation.

MATHIEU.

Ça prouve son bon cœur.

PIERRE LEROUX.

Tiens, madame de Méran n' vient pas encore, all' prend par la grande allée. Ah ben, en attendant qu'all' vienne, faut que j' vous fasse une scène.

MATHIEU.

A moi, mon garçon ?

PIERRE LEROUX.

A vous, père Mathieu, j'ai rien voulu dire devant elle, pour ne pas lui faire peur; mais vrai, père Mathieu, vous devriez ben parler à sa mère, qui est vot' sœur. Il n'y a pas d' bon sens de laisser une jeunesse batte la campagne, toute seule par le temps qui court.

MATHIEU.

Sois donc tranquille, Cartouche n' s'attaque pas à d' pauvres filles comme Madelon; quoi qui g'nia à prendre chez elles? je n' crains rien.

PIERRE LEROUX.

Vous n' craignez rien, vous n' craignez rien, comme oncle; mais moi, comme mari, je dois avoir peur.

MATHIEU.

Eh ! j' parlerai à ma sœur.

PIERRE LEROUX.

A la bonne heure.

MATHIEU.

Chut !... v'là madame de Méran, et mamzelle Alphonsine.

SCENE IV.

Les Mêmes, Mad. DE MÉRAN, ALPHONSINE.

(Madame de Méran s'avance lentement, en s'appuyant sur le bras d'Alphonsine.)

ALPHONSINE.

Appuyez-vous sur moi, ma bonne mère.

MAD DE MÉRAN.

Eh bien, ma chère Alphonsine, ces préparatifs avancent-ils ?

ALPHONSINE, tristement.

Oui, ma mère.

PIERRE LEROUX.

Ah ! mon dieu, not' maîtresse, tout est fini par ici, et dans une petite heure nous aurons tout baclé.

MAD. DE MÉRAN.

Bien, mon ami ; je te remercie de ton zèle. Hâte-toi.

PIERRE LEROUX.

Oui, not' maîtresse, j'vas m'hâter.

MATHIEU.

Allons, viens.

PIERRE LEROUX.

Ce maudit Cartouche ne me sort pas d'la tête.

MATHIEU.

Poltron !

PIERRE LEROUX.

C'est pas poltronnerie.

MATHIEU.

Eh bien ?... jaloux.

PIERRE LEROUX.

C'est possible.

(Ils sortent.)

SCENE V.

Mad. DE MÉRAN, ALPHONSINE.

MAD. DE MÉRAN.

Eh bien, ma chère enfant, mon Alphonsine, es-tu

plus raisonnable ; l'hymen qui se prépare te sourit-il enfin ?....

ALPHONSINE.

Hélas !

MAD. DE MÉRAN.

Mes yeux n'ont point vu tes larmes, mais le cœur d'une mère est si clairvoyant !... il les a toutes reçues.... Dis-moi, qu'as-tu découvert en monsieur de St Alban, le neveu du vieux commandeur, enlevé trop tôt à mon amitié... qu'as-tu découvert, dis-je, qui puisse te prévenir si fort contre lui ?

ALPHONSINE.

Rien, ma mère ; M. de Saint Alban a été choisi par vous, il doit être digne de votre estime, et je croirais vous offenser en le jugeant indigne de la mienne.

MAD. DE MÉRAN.

Mon notaire vient de m'assurer que tout était en règle, et qu'on n'attendait plus que ton consentement. J'éprouverais, je l'avoue, un grand plaisir, en t'unissant au neveu de mon vieil ami, en obéissant à ses dernières volontés ; mais je renoncerais à ce projet, si je ne croyais assurer ton bonheur. Son arrivée en ces lieux est encore bien récente, cependant j'ai eu déjà plusieurs occasions d'apprécier son caractère et mes observations ne lui ont été que favorables. Son langage noble et galant, ses attentions pour ma vieillesse et mes infirmités, tout m'a donné de lui l'opinion la plus avantageuse, et je suis étonnée qu'il ne t'ait pas séduite aussi. Nous autres femmes, jeunes ou vieilles, on nous plaît bientôt lorsqu'on s'occupe beaucoup de nous ; quant à sa figure, je n'ai pu en juger.... Parle : est-ce là ce qui t'a prévenue contre lui ?

ALPHONSINE.

Non, ma mère ; vos leçons m'ont appris à ne point attacher trop de prix à des dehors souvent trompeurs.

MAD. DE MÉRAN.

Je l'ai vu autrefois chez son oncle, mais il était bien jeune alors ; si ses traits en se développant ont conservé leur première expression, il doit avoir un air doux et timide.

ALPHONSINE.

Pardon, mais quand il me regarde, je tremble malgré moi, je crois voir dans ses yeux quelque chose de sévère, qui s'accorde mal avec ses paroles.

MAD. DE MÉRAN.

Je me souviens qu'il souriait souvent.

ALPHONSINE.

En effet... mais son sourire exprime plutôt l'ironie...

Mad. DE MÉRAN.

Allons, décidément tu es prévenue.... au surplus ma fille, je te l'ai dit, mon seul désir est de te rendre heureuse, et rien n'est encore terminé. Tu me feras plaisir si tu acceptes mon protégé, si tu le refuses.... je me charge de lui faire entendre la vérité.

ALPHONSINE.

Ah! maman, que vous êtes bonne!

Mad. DE MÉRAN.

Oh! il y a un peu d'égoisme dans ma conduite; en faisant ton malheur, ne ferais-je pas le mien?

ALPHONSINE, après un moment d'hésitation.

Mais vous ne me parlez plus d'Eugène,.. de mon cousin.

Mad. DE MÉRAN, à part.

Je m'y attendais. (*Haut.*) Et tu n'as pas deviné les motifs de mon silence?

ALPHONSINE, tristement.

Peut-être!

Mad. DE MÉRAN.

Tu penses toujours à lui?

ALPHONSINE.

N'est-il pas l'ami de mon enfance? ne devais-je pas un jour lui appartenir?

Mad. DE MÉRAN.

Ecoute, mon enfant, je suis au terme du voyage; Eugène est sans biens. Sorti des pages du roi, il n'est encore que sous-lieutenant. Ma fortune, jadis brillante, est devenue médiocre par suite d'un procès funeste; dois-je confier le sort de ma fille à un homme, plein d'honneur il est vrai, mais qui ne me donne aucune garantie pour ton avenir?

ALPHONSINE.

Vous m'avez habituée à voir en lui mon époux.

Mad. DE MÉRAN.

Alors, je pouvais devenir sa bienfaitrice, aujourd'hui je suis forcée de te chercher un protecteur. Je l'ai trouvé dans M. de Saint Alban; son nom, ses qualités, ses grandes richesses, tout me dit qu'après moi ton sort doit être heureux... et si tu es raisonnable... je n'exige rien... mais tu permettras à ta pauvre mère de se séparer de toi, non pas sans regrets, mais sans craintes.

ALPHONSINE.

Pour vous... pour vous seule, ma mère, je me sens capable d'obéir... oui... dans quelque temps... mais je vous en supplie, ne précipitez rien.

MAD. DE MÉRAN.

Je ne dirai oui qu'après toi... Mais n'entends-je pas du bruit? qui vient de ce côté?...

ALPHONSINE.

C'est un domestique... il paraît précéder quelqu'un... (à part.) c'est lui sans doute!..

SCENE VI.

Les Mêmes, UN DOMESTIQUE, ensuite St. ALBAN, DE LIMEUIL, en habits de cour, et plusieurs domestiques, couverts d'une riche livrée.

LE DOMESTIQUE.

Madame, c'est M. de Sait Alban, mon maitre, qui demande s'il peut se présenter devant vous.

ALPHONSINE, à part.

Je ne m'étais pas trompée.

MAD. DE MÉRAN.

Qu'il vienne.

(*Le domestique sort; Saint Alban, de Limeuil et des valets paraissent.*)

MAD. DE MÉRAN, voulant se lever.

Messieurs...

St. ALBAN.

Ne vous dérangez point, madame, je vous en prie. (*à Alphonsine.*) Mademoiselle, je vous salue.... (*Montrant de Limeuil.*) Je vous présente le chevalier de Limeuil, mon meilleur ami.

DE LIMEUIL.

Je vous prie de m'excuser, madame, si j'arrive sitôt...

(*Alphonsine salue froidement.*)

MAD. DE MÉRAN.

L'ami de M. de Saint Alban est sûr d'être toujours bien reçu.

St. ALBAN.

C'est un homme précieux pour organiser une fête, et sa présence en ces lieux ne peut que m'être très-utile aujourd'hui.

DE LIMEUIL.

Je tâcherai, marquis, de justifier la bonne opinion que tu veux bien donner de moi à ces dames.

St. ALBAN.

Eh bien ! mon ami, t'avais-je trompé ? Mademoiselle de Méran n'est-elle pas au-dessus de tous les éloges ?

DE LIMEUIL.

Tu m'avais beaucoup vanté les attraits de mademoiselle, mais l'idée que j'en avais conçue d'avance, était bien loin de la réalité.

ALPHONSINE, à part.

Quel supplice !

Mad. DE MÉRAN.

On voit, messieurs, que vous êtes habitués au langage de la cour.

DE LIMEUIL.

Vous croyez, madame !

St. ALBAN.

En parlant de mademoiselle, la vérité simple peut aisément passer pour de la flatterie.

ALPHONSINE.

Messieurs...

Mad. DE MÉRAN.

Je vous demande grâce pour elle... Elevée loin du monde et dans ma solitude, son oreille n'est point faite à ces sortes de complimens... ma vanité maternelle en jouit sans doute, mais je fais ce sacrifice à sa modestie.

St. ALBAN.

Vos désirs sont des ordres pour moi, madame. (*à de Limeuil.*) Allons, mon cher, examine, visite tout dans le plus petit détail ; assure-toi bien si rien ne manque à nos préparatifs et si nos soins doivent être couronnés d'un plein succès.

DE LIMEUIL.

Marquis, tu peux compter sur moi... (*Saluant.*) Mesdames... (*aux valets.*) Suivez-moi ?

(*Il sort avec les domestiques.*)

SCÈNE VII.

Mad. DE MÉRAN, ALPHONSINE, SAINT ALBAN.

Mad. DE MÉRAN.

Vous vous donnez bien du mal, mon cher Saint Alban.

St. ALBAN.

J'en serai trop récompensé par un sourire de la belle Alphonsine... et s'il m'est permis d'espérer...

Mad. DE MÉRAN.

Savez-vous bien que la société ne répondra probablement pas à l'éclat de la fête.... Nous connaissons peu de monde, et nos voisins, gens très-estimables sans doute, ne sont que de riches campagnards.

St. ALBAN.

Madame, vos riches campagnards seront les bienvenus; j'aime beaucoup les riches campagnards; ce sont de braves gens. D'ailleurs pour égayer l'assemblée, j'ai fait prévenir une troupe de bâteleurs, grotesques de tous les pays; Italiens, Chinois, Égyptiens, dont on dit merveille. Leurs danses et leurs jeux animeront la fête; plusieurs de mes amis doivent venir nous joindre. Oh! je vous réponds que l'assemblée sera nombreuse.

Mad. DE MÉRAN.

Vous songez à tout.

St. ALBAN, avec attention.

Je n'avais garde de l'oublier.

(*On entend d'abord un grand bruit dans la coulisse, puis on voit des valets qui repoussent deux savoyards, dont l'un, le plus grand, a une lanterne magique sur le dos.*)

SCÈNE VIII.

Les Mêmes, ANDRÉ, JACQUES, Domestiques.

Mad. DE MÉRAN.

D'où vient ce bruit, Alphonsine?..

ALPHONSINE.

Ah! mon dieu! maman, ce sont deux pauvres gens que les domestiques de M. de Saint Alban repoussent.

St. ALBAN.

Ils ont tort, je ne souffrirai pas.....

(*Il va vers eux.*)

ANDRÉ.

Ma belle demoiselle, un petit sou, s'il vous plaît.

JACQUES.

Je prierons bien le bon Dieu pour vous, mademoiselle.

St. ALBAN.

Laissez approcher.... est-ce là ce que je vous ai recommandé?.. apprenez qu'on ne saurait jamais avoir trop d'égards pour les malheureux.

MAD. DE MÉRAN, à sa fille.

Tu l'entends... son cœur est excellent.

ALPHONSINE, à part.

Oui.... s'il est sincère.

MAD. DE MÉRAN.

Alphonsine, as-tu ta bourse?

ALPHONSINE.

Oui, maman, je vous comprends..... tenez, mes bons amis....

ANDRÉ ET JACQUES.

Ah! merci, ma belle demoiselle; merci, not' bonne dame.

St. ALBAN.

Je veux aussi contribuer à leur bonheur; prenez.

ANDRÉ.

Ah! mon dieu! de l'or! ce serait pour nous?

JACQUES.

Pour notre pauvre père?

St. ALBAN.

Oui, mes amis.

JACQUES.

Oh! bien obligé, not' bon seigneur!

ANDRÉ.

Le ciel puisse-t-il vous le rendre un jour!... Si ces messieurs et ces dames vouliont, je leur ferions voir notre optique qu'est là, sur le dos de Jacques.

MAD. DE MÉRAN.

Merci, mon ami.

ANDRÉ.

C'est que, voyez-vous, c'est pas une optique comme les autres. Il n'y a pas que madame la Lune et monsieur le Soleil... il s'agit d'une fameuse histoire...

ALPHONSINE, à madame de Méran.

Ils m'intéressent!

St. ALBAN.

(*Aux savoyards.*) Une autre fois... (*aux domestiques.*) avec la permission de madame, conduisez-les à l'office, et qu'on ait bien soin d'eux avant qu'ils ne se mettent en route.

ANDRÉ.

Ah! le bon seigneur... merci not' bon seigneur... Dieu si je pouvons jamais reconnaître tant de bontés!... je nous mettrons en quatre pas vrai, Jacques.

JACQUES.

Ah! moi je donnerions de bon cœur ma vie....

St. ALBAN.

C'est bien...

ANDRÉ.

Adieu not' bon seigneur, not' belle demoiselle...... viens, Jacques.

(*Ils sortent en faisant des salutations, et entourés des domestiques qui leur témoignent alors beaucoup d'égards.*)

St. ALBAN.

Ils ont une naïveté... une reconnaissance... qui intéressent en leur faveur.

MAD. DE MÉRAN, bas à Alphonsine.

J'aime ces sentimens.

ALPHONSINE, à part.

Hélas!

SCENE IX.

MAD. DE MERAN, St. ALBAN, ALPHONSINE, PIERRE LEROUX, MATHIEU.

PIERRE LEROUX, un grand papier à la main.

Oh! mon dieu oui, deux mille livres à gagner!

MATHIEU.

Deux mille livres!

Cartouche.

PIERRE LEROUX.

V'là c'que dit la proclamation du lieutenant de police... Deux mille livres à qui arrêtera Cartouche.

ST. ALBAN, à part.

Cartouche!

MAD. DE MÉRAN.

Qui parle de Cartouche?..

PIERRE LEROUX.

Pardon, excuse, not' maîtresse, je ne savais pas que vous étiez là.

MAD. DE MÉRAN.

Serait-on parvenu à s'emparer de ce brigand?

MATHIEU.

Oh! ben oui, madame c'est pas ça; c'est qu'on promet deux mille livres à s'tilà qui le prendra.

MAD. DE MÉRAN.

On ne saurait trop récompenser celui qui délivrera la France d'un pareil fléau.

ST. ALBAN.

Ah! vous avez bien raison, madame.

PIERRE LEROUX.

C'est que, sauf vot' respect, il en fait des nouvelles tous les jours... il y a deux jours encore, à c'qu'on vient de m'dire à l'instant, il a, lui et sa troupe, à quinze lieues d'ici, incendié un château, assassiné le propriétaire.... ça fait frémir, quoi!....

ALPHONSINE.

Grand dieu!

ST. ALBAN.

Qu'avez-vous, belle Alphonsine?

ALPHONSINE.

Le récit de cet homme....

ST ALBAN.

Vous a fait mal, je le vois.... Rassurez-vous; les bruits populaires grossissent toujours beaucoup les évènemens, et d'ailleurs il n'oserait se présenter ici... nous sommes en force.

PIERRE LEROUX.

Oh! d'abord, moi je ne lui conseille pas de s'y frotter... j'ai là son signalement, et...

ST. ALBAN, vivement.

Donne.

(*Il lui arrache le papier.*)

PIERRE LEROUX.

Tiens.... je l'avions pas encore lu.

ST. ALBAN.

Te sentirais-tu le courage de gagner la récompense promise en arrêtant Cartouche?

PIERRE LEROUX.

De loin, j'crois qu'oui..., d'près j'sais pas... mais si je le rencontrais...

ST. ALBAN.

Eh bien?...

PIERRE LEROUX.

J'crierais comme un démon!

SCENE X.

Les Mêmes, MADELON, VILLAGEOIS.

MADELON, pleurant en dehors.

Oh! oh! oh!...

PIERRE LEROUX.

V'là Madelon! je r'connais ces accens chéris.

MATHIEU.

On dirait qu'all' pleure. Qu'est-ce que t'as, mon enfant!

MADELON.

On m'a volé mon âne.

PIERRE LEROUX.

Martin!....

MATHIEU.

Qu'est-ce qui te l'a volé?

TOUS LES VILLAGEOIS ET MADELON.

Cartouche....

LES PERSONNAGES, répétant.

Cartouche!...

MADELON, pleurant.

Mon pauvre Martin...

PIERRE LEROUX.

C'est affreux!... lui qu' j'avais élevé....

ST. ALBAN.

Ne vous affligez pas, ma belle enfant; tenez, prenez ma bourse... vous y trouverez de quoi réparer vos pertes.

MADELON, riant.

Merci, mon bon monsieur; oh! oh! t'nez, mon oncle, tout c't'or.

MATHIEU.

Que de bonté!

MAD. DE MÉRAN, bas à sa fille.

Tu l'entends encore?.. (*Haut à Saint Alban.*) Mon ami, cette fois vous me prévenez; mais je ne vous en veux pas.

PIERRE LEROUX.

Fi! les mauvais cœurs!... ça vous rend-il Martin, tout c't'or? j'veux l'avoir, moi Martin.... Pardon, excuse, monsieur, vous m'demandiez tout à l'heure si j'oserais gagner les deux mille livres promises?... Eh ben, vous voirez... j'menrôle dans les archers, j'sais pas où y en a, mais c'est égal.. j'vas les trouver.

ST. ALBAN.

Dis-moi, cette résolution est-elle bien sérieuse?

PIERRE LEROUX.

Un peu; sauf vot' respect.

ST. ALBAN, souriant.

J'admire ce noble enthousiasme, et je veux lui faciliter les moyens d'agir.

(*Il tire ses tablettes et écrit.*)

MADELON.

Qu'est-ce que tu dis donc, Pierre Leroux?

MATHIEU.

Es-tu fou?

PIERRE LEROUX.

Oh! qu'non.

MADELON.

Tu n'me quitteras pas.

PIERRE LEROUX.

Oh! qu'si, je suis aussi entêté que Martin, moi, j'vas revenir.

(*Il sort un instant.*)

ALPHONSINE, à St. Alban.

Monsieur, à qui donc adressez-vous Pierre?...

ST. ALBAN.

Soyez tranquille; il ne lui arrivera aucun mal.... je le recommande. Mais il ne faut pas le détourner de son projet.... il est beau!... qui sait s'il ne lui est pas réservé d'arrêter l'homme que tout le monde craint tant.

MADELON.

Il est trop bête et trop poltron pour ça, monsieur.

(*Pierre Leroux revient avec une canardière sur l'épaule, et au bout de laquelle tient un petit paquet ; un grand sabre lui pend dans les jambes.*)

PIERRE LEROUX.

Me v'là! je n'me crois pas mal.

St. ALBAN.

Tiens... ce mot au capitaine facilitera ton admission. (*souriant.*) On aura soin de toi.

PIERRE LEROUX.

Merci, monsieur.

St. ALBAN, à part.

L'imbécille!... (*Haut.*) Dis donc?.. où vas-tu?...

PIERRE LEROUX.

J'sais pas, c'est vrai... ousque j'trouverai le capitaine des archers?

St. ALBAN.

A la ferme des Peupliers, où il a établi son quartier-général.

PIERRE LEROUX.

Je la connaissons ben; c'est sur la route de l'auberge du père Mathieu... allons, le dessein en est pris.

MATHIEU.

J'vais faire une partie de la route avec toi: adieu, Madelon.

MADELON pleurant.

Mon pauvre Pierre Leroux!... hou! hou!..

PIERRE LEROUX.

Dieu! qu'une femme est faible!... n' pleure donc pas... Adieu, Madelon, je pars!...

(*Il sort avec Mathieu et les Villageois qui applaudissent à son courage; Madelon les suit en pleurant à chaudes larmes.*)

SCENE XI.

Mad. DE MÉRAN, ALPHONSINE, St. ALBAN.

Mad. DE MÉRAN.

L'audace de ce misérable devient plus grande chaque jour.

St. ALBAN.

Croyez-moi, n'arrêtons pas plus long-temps nos idées sur des choses affligeantes ; ce jour ne doit être consacré qu'au plaisir.

MAD. DE MÉRAN.

Il faut songer un peu à notre toilette... viens ma fille, je veux que tu sois rayonnante, et je veux moi-même te couvrir de mes diamans.

ALPHONSINE.

Des diamans !... pourquoi ? je n'en veux aucuns.

St. ALBAN.

Je conviens, chère Alphonsine, qu'ils ne sauraient vous rendre plus jolie ; mais il faut quelquefois faire un sacrifice aux usages, à la mode, et je me joins à madame de Méran pour que vous ne refusiez pas de vous parer de ses riches présens... je serai si fier de vous voir éclipser toutes nos dames !

MAD. DE MÉRAN.

Monsieur de St.-Alban a raison, et tu porteras mes diamans. (*à St.-Alban.*) C'est un enfant.

St. ALBAN.

Oui ; mais un enfant bien aimable.

(*Saint Alban baise respectueusement la main d'Alphonsine, qui veut la retirer ; Madame de Méran sort lentement, appuyée sur sa fille ; Saint Alban les suit des yeux.*)

SCENE XII.

CARTOUCHE, seul.

Enfin me voilà seul... je puis respirer. Les braves gens ! comme ils m'accablent d'égards, de respects !... on m'admire, on me recherche, c'est à qui obtiendra un sourire, et quand je pense qu'il ne faudrait que trois mots pour changer tous leurs beaux sentimens, trois mots bien simples : « *je suis Cartouche.* » L'homme cependant serait toujours le même, voyez un peu ce que c'est que la prévention !... ces habits brillans, le nom pompeux de Saint Alban, commencent à me peser.. Heureusement tout va finir... cette fête est un moyen sûr de parvenir à mon but, et ce soir... ce soir je redeviens moi-même... Cet imbécille avec son signalement... j'ai presque tremblé !... c'est égal, on aura eu grand soin de le répandre... il faut agir au plus vite.

SCENE XIII.

CARTOUCHE, DUMENIL.

(*Entrée de Duménil, affectant de grands airs.*)
(*Quelques valets qui viennent apporter des sièges, le précèdent, et sortent aussitôt.*)

DUMÉNIL, affectant de grands airs.

Eh! bien marquis, où te caches-tu donc?

CARTOUCHE.

Nous sommes seuls.

DUMÉNIL, toujours de même.

En vérité, marquis, ça n'est pas bien de s'éclipser de la sorte.

CARTOUCHE.

Ah! ça, auras tu bientôt fini tes manières, quand je te dis que nous sommes seuls.

DUMÉNIL, changeant de ton.

Es-tu bien sûr?

CARTOUCHE.

Tu n'as plus besoin de te gêner.

DUMÉNIL, regardant de tous côtés.

En ce cas, comment vont nos affaires? la rafle sera-t-elle bonne?

CARTOUCHE.

Je l'espère, et toi, où en es-tu?

DUMÉNIL.

N'ayez donc pas d'inquiétudes, nous sommes en force; plusieurs de nos camarades se sont déjà introduits comme domestiques, quelques-uns parmi les ouvriers employés pour la fête; le reste composera la troupe de chanteurs Egyptiens et autres que tu as annoncés.

CARTOUCHE.

Fort bien.

DUMÉNIL.

Ça marche joliment comme tu vois; d'honneur je ne puis m'empêcher d'admirer ton génie... je suis chaque jour témoin de tes prodiges, et chaque jour ils m'étonnent malgré moi.

CARTOUCHE.

Pauvre esprit!

DUMÉNIL.

A peine revenu de l'affaire du château de Saint Alban, que tu médites une seconde expédition; tes papiers t'apprennent que notre victime était sur le point d'épouser la fille de madame de Méran; une lettre de cette brave femme te prouve qu'il n'est point connu de sa prétendue, ni d'aucun de ses gens. Vêtu magnifiquement, tu te présentes ici sous son nom, et nous voilà!

CARTOUCHE.

Oui, mais il faut nous hâter; on est sans doute sur nos traces.

DUMÉNIL.

Tout se prépare pour la fête; nos amis vont venir. J'ai caché ici près toutes nos armes; à ton signal nous nous découvrons, et après nous être débarrassés des importuns, nous nous emparerons de l'or et des bijoux...

CARTOUCHE.

Et d'Alphonsine.

DUMÉNIL.

Comment? tu veux encore?...

CARTOUCHE.

Elle est jolie... Elle m'appartient.

DUMÉNIL.

Prends garde!... ton cœur inaccessible à tout sentiment de pitié se laisse toujours vaincre par tes passions... Elles te perdront.

CARTOUCHE.

Je ne saurais les surmonter.

DUMÉNIL.

Et cette femme... la sœur de Saint Alban, elle aussi avait captivé tes sens. Qu'est-elle devenue?

CARTOUCHE.

Ma foi, je l'ignore, et je m'en soucie peu; je la laissai évanouie... elle aura sans doute péri dans l'incendie..

DUMÉNIL.

C'est ce qui pouvait lui arriver de plus heureux.

CARTOUCHE.

On vient. Silence!

SCÈNE XIV.

Les Mêmes, Personnes en habit de cour.

(*Des Personnages des deux sexes et de diverses conditions, garnissent le jardin.*)

DUMÉNIL.

Ce sont nos invités.

CARTOUCHE.

Ils ne sont pas tous à nous... de la prudence; n'oublions pas que mon rôle est celui d'un maître de maison ou... à peu près.

(*Affectant des airs de grandeur, il reçoit chaque grouppe, et par l'accueil particulier qu'il fait à chacun, on distingue les personnes qui lui sont dévouées.*)

DUMÉNIL, à part, pendant ce jeu de scène.

L'adroit coquin!

CARTOUCHE.

(*Aux dames.*) Combien je suis heureux de voir une réunion aussi aimable. (*aux hommes.*) Je me félicite, Messieurs, d'être chargé de l'honneur de vous recevoir. Mais j'aperçois madame de Méran et ma jolie future... (*bas à Duménil.*) Remarques-tu les diamans.

DUMÉNIL, bas à Cartouche.

Ils sont d'une assez belle eau.

SCÈNE XV.

Les Mêmes, Mad. DE MÉRAN, ALPHONSINE parées.

CARTOUCHE, allant à elles.

Mesdames, tous vos amis et les miens sont arrivés, et désirent ardemment votre présence.

MAD. DE MÉRAN.

Notre impatience n'était pas moins grande, mais le soin de faire parer mon Alphonsine...

CARTOUCHE.

J'aurais été au désespoir d'interrompre cette attention... toute maternelle, d'autant plus que cette parure vous va divinement... (*à Duménil.*) N'est-tu pas de mon avis, chevalier?

Cartouche. 4

DUMÉNIL.

Certainement... je trouve ces diamans magnifiques...

CARTOUCHE, l'interrompant par un geste.

(*Musique au dehors.*)

CARTOUCHE.

Quel bruit bizarre se fait entendre ?

DUMÉNIL, qui est allé voir au fond.

Eh! parbleu, marquis, ce sont les grotesques étrangers.

CARTOUCHE.

Ah!... (*à madame de Méran.*) Vous avez bien voulu permettre....

MAD. DE MÉRAN.

Tout ce qui pourra contribuer à l'amusement général, me sera toujours agréable.

SCÈNE XVI.

Les Mêmes, Troupe de grotesques.

(*Les bateleurs Egyptiens, masques Vénitiens, arrivent au son d'une musique bizarre. Dans le nombre on distingue une Egyptienne, dont la démarche est plus noble que celle des autres. Dès son entrée, elle arrête ses regards sur Cartouche, et ne le quitte pas de vue.*)

DUMÉNIL.

Allons, messieurs les Bohémiens, Italiens, Vénitiens; on a promis des merveilles de vos talens réunis, tâchez de justifier votre haute réputation, et de mériter l'insigne honneur que madame de Méran, le marquis et moi nous voulons bien vous faire, en vous appelant à divertir l'honorable assemblée.

(*Sur un fragment d'air, ils expriment en pantomime qu'ils feront de leur mieux.*)

CARTOUCHE, à Alphonsine.

Aimable Alphonsine, êtes-vous curieuse de connaître l'avenir? ce vieil Egyptien avec sa baguette et ses cercles magiques, saura sans doute nous y faire lire.

ALPHONSINE.

Je vous remercie, Monsieur... (*à part.*) Je crains de ne le prévoir que trop.

(*Elle rejoint madame de Méran, qui est entourée de quelques personnes du bal.*)

CARTOUCHE, à part.

Sachons si c'est un des nôtres. (*haut.*) Eh! bien moi je veux mettre sa science à l'épreuve; approche, correspondant du diable, et dis moi : la roue de la fortune doit-elle tourner encore long-temps pour moi.

LE BOHÉMIEN, *lui serrant la main avec force, et avec sa baguette lui montrant le ciel.*

Non... plus celle-là... mais une autre.

CARTOUCHE, *avec un mouvement qu'il ne peut réprimer.*

Une autre! l'insolent!..

(*Il fait quelques pas pour s'approcher du Bohémien; en ce moment l'Egyptienne vient se placer entre le Bohémien et Cartouche, l'arrête et lui dit :*)

L'ÉGYPTIENNE.

Souviens-toi du château de Saint Alban!

(*Trouble de Cartouche.*)

CARTOUCHE.

Hein!...

(*L'Egyptienne se perd dans la foule; en ce moment madame de Méran, Alphonsine, et les invités qui avaient été diversement occupés par les jongleurs, se rapprochent de Cartouche.*)

MAD. DE MÉRAN.

Eh! bien marquis, passons-nous dans les appartemens?

CARTOUCHE, *se remettant.*

Oui... oui Madame... ces étrangers nous donneront un échantillon de leurs talens, et nous reviendrons ici, continuer par des danses et des jeux les plaisirs de cette journée. (*à part.*) Il faut absolument que je les retrouve... (*haut.*) Allons.

(*On se fait diverses politesses; Cartouche présente sa main à Alphonsine, qui lui indique sa mère; il s'approche de madame de Méran, lui donne la main, et la reconduit jusqu'au pavillon. Il fait ensuite un signe à Duménil, et sort rapidement avec lui. Peu à peu la foule s'écoule, pour se rendre dans les salons; Alphonsine pensive est restée en arrière.*)

SCENE XVII.

ALPHONSINE, EUGÈNE.

EUGÈNE.

Alphonsine!...

ALPHONSINE, *jetant un cri.*

Ah!... Eugène!...

EUGÈNE.

Ma chère cousine!

ALPHONSINE.

Je te revois... et dans quel moment!

EUGÈNE.

Si tu savais combien j'ai souffert depuis notre séparation; le devoir m'enchaînait loin de toi, et chaque jour j'étais sur le point de m'y soustraire; de m'exposer à tous les dangers pour te revoir, ne fut-ce qu'un instant; mais grâce au destin, je puis sans crime me trouver auprès de toi.

ALPHONSINE.

Que veux-tu dire?

EUGÈNE.

Je suis chargé par mon colonel de poursuivre sans relâche le monstre qui porte l'effroi dans cette province. Mon régiment est cantonné dans le village voisin; je brûle de justifier la confiance que mes chefs me témoignent. Mais je ne le cache pas, chère Alphonsine, que ce qui double encore mon courage, c'est la certitude que j'ai acquise, en me dirigeant vers ce château, que mes premières espérances m'étaient enfin rendues.

ALPHONSINE.

Tes espérances!... il n'en est plus pour nous, ces apprêts de fête n'ont donc point frappé tes yeux ?...

EUGÈNE.

En effet.

ALPHONSINE.

Les intentions de ma mère n'ont point changé, elle ne veut pas me contraindre, mais elle prie... aurai-je jamais le courage d'affliger sa vieillesse?...

EUGÈNE.

Que dis-tu?...

ALPHONSINE.

Que Saint Alban doit être mon époux.

EUGÈNE.

Saint Alban?.. ignorerais-tu donc encore l'événement affreux dont il vient d'être la victime?

ALPHONSINE.

A l'instant?...

EUGÈNE.

Non, il y a deux jours.

ALPHONSINE.

Deux jours?..

EUGÈNE.

Son château a été ravagé par la troupe du scélérat qui désole ce pays, et Saint Alban lui-même est tombé sous le poignard de ses assassins!.. il n'est plus.

ALPHONSINE.

Il est ici!..

EUGÈNE.

Ici?...

ALPHONSINE.

Depuis hier.

EUGÈNE.

Quel horrible mystère!

ALPHONSINE.

On t'aura trompé.

EUGÈNE.

Je l'ai vu... percé de mille coups.

ALPHONSINE.

Grand dieu!

EUGÈNE.

Qui donc a osé se présenter sous son nom?..

SCENE XVIII.

Les Mêmes, CAMILLE.

CAMILLE.

Son assassin!...

EUGÈNE.

Cartouche!

ALPHONSINE.

Grand dieu!...

CAMILLE.

Du sang froid... seul il peut vous sauver.

EUGÈNE.

Quel heureux hasard le met en mon pouvoir? (*à Camille.*) Mais qui êtes-vous pour prendre ainsi intérêt à notre sort?..

CAMILLE.

Une de ses victimes, qui a juré de ne prendre aucun repos, que lorsqu'il aura reçu le prix de tous ses crimes. C'est par moi que l'autorité est instruite qu'il est dans ces lieux…, bientôt les archers vont entourer cette demeure… courez… hâtez leur arrivée; revenez pendant la fête… moi je reste pour surveiller ses moindres démarches.

EUGÈNE.

Femme généreuse, je seconderai vos nobles desseins, je vais rassembler mes soldats… mais toi, Alphonsine, commande à ton effroi… qu'il ne soupçonne rien; songe que la moindre imprudence peut nous perdre.

ALPHONSINE.

Eugène, ne me quitte pas, ou je ne réponds pas de moi

CAMILLE, entraînant Eugène.

Songez qu'il y va de la tranquillité de votre pays, du bonheur de votre amant; de la vie de votre mère!

(*Camille entraîne Eugène*)

SCÈNE XIX.

ALPHONSINE, seule.

Il me laisse… ma tête s'égare… comment supporter la présence de ce monstre? S'il s'apercevait de mon trouble, de mon absence!… s'il allait… Le voilà!…. grand dieu! il guide les pas de ma mère!…

SCÈNE XX.

ALPHONSINE, CARTOUCHE, Mad. DE MÉRAN, s'appuyant sur son bras, PERSONNES INVITÉES.

CARTOUCHE, entrant, à part.

Elle a disparu, mais Dumésnil est à sa recherche.

ALPHONSINE, se jetant dans les bras de sa mère, et la séparant de Cartouche.

Ma mère!

CARTOUCHE.

Qu'avez-vous, belle Alphonsine?.. pourquoi ce trouble?

Mad. DE MÉRAN.

En effet, mon enfant, ta voix est altérée, tu es émue… pourquoi donc n'étais-tu pas auprès de moi?

CARTOUCHE.

Oui… j'ai remarqué aussi que vous nous aviez quittés.

ALPHONSINE, *toujours émue.*

Je n'ai rien... rien du tout... la chaleur qu'il fait dans les salons m'incommode... j'étais restée ici... je vous attendais,... et comme vous tardiez... je craignais,...

MAD. DE MÉRAN.

Que pouvais-tu craindre?.. j'étais avec Saint Alban.

ALPHONSINE, *à part.*

Sa sécurité me tue !.. je suis prête à me trahir... (*Haut, cherchant à se remettre de son trouble.*) Mais nous sommes tous réunis... la fête pourrait commencer.

CARTOUCHE.

J'attendais vos ordres... prenons place.
(*Il veut prendre la main d'Alphonsine qui la retire précipitamment.*)

ALPHONSINE.

Non, non.... (*se remettant.*) Permettez que je conduise ma mère.
(*Cartouche l'examine avec inquiétude et va s'asseoir entr'elle et madame de Méran.*)

BALLET.

(*A la fin du ballet, la bosse d'un polichinelle qui fait partie d'un quadrille, s'ouvre et laisse tomber quelques pièces d'argenterie. Étonnement général.*)

CARTOUCHE, *s'écriant.*

Le maladroit !

ALPHONSINE, *se jetant sur sa mère.*

Nous sommes perdues !

MAD. DE MÉRAN.

Que dis-tu?..

CARTOUCHE.

Elle me connaît !

SCÈNE XXI.

Les Mêmes, DUMÉNIL.

DUMÉNIL, *accourant.*

Nous sommes découverts, les archers entourent cette demeure.

CARTOUCHE.

Nous ne saurions les craindre... à moi, mes amis!
(*A ce moment les déguisements tombent et laissent voir des hommes armés sous différens costumes.*)

Prenez vos armes !.. (*à Duménil.*) Empare-toi d'Alphonsine, tu m'en réponds.
(*Duménil saisit Alphonsine; le tumulte est au comble; quelques personnes sont terrassées par les gens de Cartouche.*)

ALPHONSINE.

Ma mère!.. Eugène!.. défendez-moi!...

MAD. DE MÉRAN, à genoux.

Grâce! grâce, pour ma fille!..

CARTOUCHE.

Un autre jour! en route!
(*Cartouche la repousse, elle tombe évanouie.*)

SCÈNE XXII.

Les Mêmes, EUGÈNE, CAMILLE, voilée, SOLDATS, ARCHERS.

CAMILLE, montrant Cartouche.

Le voilà !...

ALPHONSINE, emmenée par Duménil.

Eugène !...

EUGÈNE.

Alphonsine !...

CARTOUCHE, à sa troupe.

Mes amis, allons, filons!
(*Les gens de Cartouche se rangent en ligne, et couchent en joue les archers; Cartouche et Duménil disparaissent avec Alphonsine.*)

EUGÈNE.

Et je ne puis la défendre !.. plutôt mourir!

CAMILLE, le retenant.

Vivez pour la vengeance.

FIN DU PREMIER ACTE.

ACTE II.

Le Théâtre représente la cour d'une ferme, dont le corps-de-logis principal est à droite. A gauche, un bâtiment faisant grenier, et au rez-de-chaussée soupirail; près de ce bâtiment quelques ruines. Au fond, une grande porte fermée. Au loin, une forêt.

SCENE PREMIERE.

CAMILLE, seule,

(*Ouvrant précipitamment la porte du fond, que dans son trouble elle oublie de refermer. Elle a le même costume qu'au premier Acte. Elle rentre vivement, en regardant si l'on ne la poursuit pas.*)

Je respire à peine!... je leur échappe enfin; ici, je n'ai plus rien à craindre... mais toi, Cartouche, tremble! je puis encore te traîner au supplice. Ils ne peuvent tarder à rentrer dans cette retraite... hâtons-nous de reprendre les vêtemens qui m'ont permis de m'introduire parmi eux... Ce n'est pas Camille qui doit frapper leurs regards.

(*Elle rentre dans la ferme.*)
(*Ici Pierre Leroux paraît dans le fond; il descend une côte en faisant de grandes salutations à quelqu'un qui est dans la coulisse.*)

SCENE II.

PIERRE LEROUX, seul, en entrant.

Monsieur; je vous suis ben obligé; en vous remerciant de votre complaisance, Monsieur... c'est vrai, m'y v'là, à la ferme des Peupliers. Dieu! était-il honnête, ce Monsieur qui m'a enseigné le chemin!... mais queu mine!... queu mine!... cependant j'ai pas à m'en plaindre. (*Il fouille dans sa poche.*) Qu'est-ce que j'ai

Cartouche.   5

donc fait de mon mouchoir? j'ai peut-être oublié d'en prendre un; j'ai joliment marché; j' suis sûr que j'n'ai pas mis pour venir du dernier bouchon, plus de... Oh! non, tout au plus... si j'ai mis cela; car il était, quand j' suis parti, huit heures, et maintenant il peut être... où est-elle donc, ma montre? est-ce que par hasard ce Monsieur si complaisant?... c'est ça, je me souviens maintenant qu'il me demandait si je serais ben aise de m'en défaire... et moi qui le remerciais.. Eh! ben, ça m'est égal! il n'a qu'à bien se tenir maintenant, que je vais être archer... Ah! ça mais, il n'y a donc personne dans c't' habitation... on entre ici comme chez soi... il paraît que les maîtres n'ont pas peur des voleurs; frappons.

(*Il frappe à la porte.*)

SCÈNE III.

BEAULIEU, PIERRE LEROUX.

BEAULIEU, à la feature.

Qui va là?...

PIERRE LEROUX.

Ah! mon dieu! queu figure!

BEAULIEU.

Qui va là?

PIERRE LEROUX.

C'est moi, Monsieur.

BEAULIEU.

Que demandez vous?...

PIERRE LEROUX.

Le capitaine des archers.

BEAULIEU.

Hein!...

PIERRE LEROUX, à part.

Il me fait l'effet d'avoir l'oreille un peu dure. (*haut.*) Je demande le capitaine des archers?

BEAULIEU.

Et que lui veux-tu, au capitaine des archers?

PIERRE LEROUX.

Ce que je l... je viens pour arrêter le nommé Cartouche.

BEAULIEU.

Qu'as tu dit?...

PIERRE LEROUX, à part.

Décidement, il est sourd. (*haut.*) Je viens pour arrêter monsieur Cartouche; ça me paraît clair.

BEAULIEU.

Misérable!... à moi, mes amis!...

(*Ses gens à figures rébarbatives sortent des ruines.*)

SCÈNE IV.

Les Mêmes, Voleurs.

PIERRE LEROUX.

A qui diable en a-t-il donc? (*se retournant en se voyant cerné.*) Ah! mon dieu!

BEAULIEU, *sortant de la maison, suivi et précédé de voleurs.*

Vous voyez devant vous un imbécile qui se vante d'arrêter Cartouche.

PIERRE LEROUX.

C'est moi, oui braves archers, qui viens prendre place parmi vous, augmenter le nombre des défenseurs qui... Enfin, voilà un p'tit mot de M. de Saint-Alban.

BEAULIEU, *prenant la lettre.*

De Saint-Alban!... (*aux voleurs.*) c'est de Cartouche.(*lisant à voix basse.*) « Je vous livre pour vos menus plaisirs un rustre
» qui veut prendre du service parmi les archers, et qui se flatte
» de m'arrêter. Accueillez-le de façon à lui faire perdre pour
» long-temps l'ardeur martiale dont il se croit animé. » Pardon, l'ami, si ne vous connaissant pas, je vous ai si mal reçu d'abord.

PIERRE LEROUX.

Le p'tit mot fait son effet.

BEAULIEU.

Mais votre tournure.

PIERRE LEROUX.

N'est pas brillante... c'est vrai. Vous me preniez peut-être pour un des gens de Cartouche...

BEAULIEU.

Justement.

PIERRE LEROUX.

Avec mon grand sabre et ma canardière?

(*Les Voleurs s'emparent des armes de Pierre Leroux.*)

PIERRE LEROUX.

Ah! ben! à propos de gens de Cartouche; tenez-vous sur vos gardes... il y en a un qui m'a accompagné jusqu'ici, et qui m'a emprunté, sans m'en demander la permission, mon mouchoir et ma montre.

BEAULIEU, aux autres.

C'est la Pince.

PIERRE LEROUX.

Ah! il s'appelle la Pince?... tâchez donc de le pincer à son tour... Ah! ça, mais dites donc, je ne vous vois pas du tout l'uniforme des archers.

BEAULIEU.

C'est le costume du matin... le négligé!

PIERRE LEROUX.

Oui, ça a tout-à-fait l'air d'un négligé. Eh! ben, voyons, enrôlez-moi; par quel grade vais-je commencer?

BEAULIEU.

Simple archer d'abord; plus tard nous verrons.

PIERRE LEROUX.

Simple archer!... j'aimerais mieux être capitaine; mais si ça ne se peut pas...

BEAULIEU.

Non, ça ne se peut pas; vous allez signer cela. (*Il lui montre un papier.*)

PIERRE LEROUX.

Qu'est-ce que c'est que ça?...

BEAULIEU.

Le tableau de la troupe.

PIERRE LEROUX.

Je ne risque rien?...

BEAULIEU.

Absolument rien. (*à part.*) Que d'être pendu.

PIERRE LEROUX.

Ah! ben, à la bonne heure. (*il signe.*) V'là que c'est fait... attendez donc, et ma parataphe... là, maintenant rien n'y manque, et je suis des vôtres.

BEAULIEU.

Un instant; il faut avant passer par les épreuves de rigueur.

PIERRE LEROUX.

Est-ce que c'est bien de rigueur?

BEAULIEU.

Tout-à-fait. Qu'on lui bande les yeux

PIERRE LEROUX, un bandeau sur les yeux.

Tiens, nous allons donc jouer à Colin-Maillard? j'y suis fort, je vous en préviens.

BEAULIEU, bas à un des siens.

Conduisez-le dans une des caves de la ferme, et qu'il y attende que le capitaine ait prononcé sur son sort.

(On s'empare de Pierre Leroux par les pieds et par les bras.)

PIERRE LEROUX.

Eh ben?.. qu'est-ce que vous faites donc là?... je vous en prie; prenez bien garde de me laisser tomber : je suis très-délicat.

(On entre Pierre Leroux, dans le bâtiment à gauche. Sons de cor.)

BEAULIEU.

J'entends le signal du retour : c'est notre capitaine.

SCÈNE V.

CARTOUCHE, DUMÉNIL, BEAULIEU, ALPHONSINE, MADELON, Voleurs.

(Ils sont chargés des effets qu'ils ont pillés chez madame de Méran. On ferme les portes.)

CARTOUCHE.

Qu'on dépose le butin de cette nuit dans le magasin; plus tard, je ferai le partage.

BEAULIEU.

Capitaine, le paysan que tu nous a adressé, a reçu l'accueil qu'il méritait. Il est maintenant dans une des caves de cette ferme, à ta disposition; que faut-il en faire?...

CARTOUCHE.

Je m'occuperai bientôt du sort de M. Pierre Leroux; n'est-ce pas ainsi qu'il se nomme, la grosse fille?

MADELON, qui est arrivée en pleurant.

Oh! oh! oui... hi! hi!...

DUMÉNIL.

Veux-tu bien te taire, la belle?...

MADELON.

Si j' veux pas me taire, moi... ah! ah!

DUMÉNIL.

Silence, corbleu!... voilà cependant la musique dont elle nous a régalés tout le long du chemin.

CARTOUCHE, *montrant Alphonsine.*

Amis, je vous présente ma nouvelle conquête.

ALPHONSINE.

Misérable!...

CARTOUCHE.

Je conçois vos reproches... mais le temps, je n'en doute pas, vous rendra plus traitable.

ALPHONSINE.

Ma mère! ma pauvre mère!...

CARTOUCHE.

Elle est perdue pour vous.

ALPHONSINE.

Eh! quoi?... tu aurais attenté...

CARTOUCHE.

Pour qui me prenez-vous? non, elle existe; mais vous ne devez plus espérer la revoir. Votre sort désormais est inséparable du mien.

ALPHONSINE.

Ah! plutôt la mort!...

CARTOUCHE.

Soyez donc raisonnable; je n'aime pas les plaintes; vous connaissez mes intentions, sachez vous y soumettre; qu'on fasse venir la vielle Marguerite.

(*Un des hommes de Cartouche entre dans la ferme, et revient avec Camille en vieille paysanne.*)

SCENE VI.

Les Mêmes, CAMILLE, *en vieille paysanne.*

CARTOUCHE, à Camille.

Tu vas conduire Madame dans la chambre la plus retirée; tu ne la quitteras pas d'un instant. Je crois qu'elle ne m'entend pas... (*plus haut.*) Tu vas conduire Madame dans la chambre la plus retirée; tu ne la quitteras pas d'un instant, et songes que tu m'en réponds.

CAMILLE.

C'est bon!... c'est bon!... on ne la quittera pas.

CARTOUCHE.

Surtout qu'on ait pour elle tous les égards...

CAMILLE.

Sans doute.. pourquoi pas tout de suite la traiter comme une princesse!

CARTOUCHE, à Camille.

Silence!

ALPHONSINE.

Malheureuse!...

CAMILLLE.

En voilà encore une qui pleure!... (à *Alphonsine*.) Allez, allez, vous ne tarderez pas à vous consoler... Ne dirait-on pas qu'elle est bien malheureuse, d'être dans notre société.

BEAULIEU.

Allons, la vieille, laisse cette jeune fille tranquille.

DUMÉNIL, montrant Madelon.

Mais qu'est-ce que nous allons faire de ça?

CARTOUCHE.

Ah! pour cette grosse fille, qui rit aussi facilement qu'elle pleure, elle aidera notre vieille sourde dans les soins du ménage.

BEAULIEU.

C'est parfaitement arrangé; je me charge de la mettre au fait.

MADELON, à deux voleurs qui lui prennent les bras.

Oh! oh! voulez-vous bien ne pas me toucher?...

CARTOUCHE.

Ah! j'oubliais : vous trouverez sur elle une bourse d'or que je lui ai donnée hier, et qui lui devient tout-à-fait inutile aujourd'hui.

DUMÉNIL.

Je me charge de la restitution.

MADELON.

C'était ben la peine de me la donner, hé! hé! quand je vous dis qu'on ne touche pas à ça... ah! ah! ah!...

DUMÉNIL.

Allons, marche!

ALPHONSINE, à qui Camille donne le bras.

Ah ! ma mère !...

CAMILLE, à voix basse.

Vous la reverrez !...

ALPHONSINE.

Il se pourrait ! quel changement !

CAMILLE.

Silence !...

(*Alphonsine, Camille, et Madelon entrent dans la ferme.*)

SCENE VII.

CARTOUCHE, BEAULIEU, DUMÉNIL, Voleurs.

CARTOUCHE, fumant sa pipe.

Messieurs, vous le savez, toute la science de notre profession ne consiste qu'en deux choses : à prendre et à n'être point pris. Or, les nombreuses expéditions qui se sont succédées depuis si peu de temps, ont attiré sur nous tous les regards ; on nous poursuit sans relâche, on est même prévenu de tout ce que nous voulons entreprendre. Cela vous surprend ?.. c'est pourtant comme j'ai l'honneur de vous le dire. Un traître serait-il parmi nous ? vous ne pouvez, je le vois, concevoir une semblable idée... rassurez-vous ; s'il en existe, je saurai le découvrir. Mais notre retraite ne peut être sûre long-temps ; l'affaire de cette nuit aura donné l'éveil, je crois donc qu'il est prudent de changer de domicile, et de ne pas attendre qu'on nous donne congé. J'ai remarqué qu'à deux lieues d'ici sur la grande route, il existe une auberge isolée, qu'on appelle l'auberge du Pistolet ; c'est là que je vous établis provisoirement, et c'est toi, Duménil, que je charge de prendre possession de notre nouvelle demeure.

DUMÉNIL.

Tu peux compter sur moi.

CARTOUCHE.

Tu partiras avec quelques-uns de nos gens ; nous avons ici les voitures de ces honnêtes rouliers qui sont tombés entre nos mains il y a huit jours. Couvrez-vous de leurs habits, et à neuf heures du soir, vous vous présenterez à l'auberge ; vous surprendrez votre monde... et vous deviendrez propriétaires de l'établissement.

DUMÉNIL.

Je comprends ; je puis emporter une partie de nos munitions, en transformant nos barils d'huile en barils de poudre.

CARTOUCHE.

Bien, partez à l'instant; vous attendrez dans le bois voisin de l'auberge, l'heure que je vous ai indiquée.

DUMÉNIL.

Dans deux minutes nous sommes en route; suivez-moi, vous autres.

(*Duménil et une partie de ses gens sortent par le fond; pendant cette scène, Camille s'est montrée plusieurs fois à la porte de la ferme, et elle y a entendu l'ordre de Cartouche.*)

SCENE VIII.

CARTOUCHE, BEAULIEU, Voleurs.

CARTOUCHE.

Vous, Beaulieu, rendez-moi compte des opérations de la nuit pendant mon absence; qu'est-ce qui était de service?

BEAULIEU.

C'était Gribiche, capitaine.

CARTOUCHE.

Qu'a-t-il rapporté?

BEAULIEU.

La première rencontre fut celle d'un banquier de la capitale, qui lui a exhibé un passeport pour l'étranger; il avait manqué la veille pour un demi-million.

CARTOUCHE.

Eh bien?...

BEAULIEU.

Nous avons trouvé douze cents mille livres dans sa voiture.

CARTOUCHE.

Cela devait être; après?

BEAULIEU.

Un milord suivant de très-près notre banquier; j'en espérais d'abord, mais il avait passé par l'Opéra....

CARTOUCHE.

C'est fâcheux; voilà tout?

BEAULIEU.

Non pas, capitaine. Nous avons fait une troisième capture; un prince.... de théâtre, qui après avoir fait admirer la force de ses poumons dans la Province, revenait chargé de vers, de couronnes et d'espèces.

CARTOUCHE.

Comment vous êtes-vous conduits à son égard?

BEAULIEU.

Connaissant ton amour pour les arts, nous avons respecté les vers et les couronnes.

CARTOUCHE.

Vous avez bien fait; je suis content de vous, Beaulieu.

BEAULIEU.

Permets-moi maintenant, capitaine, de te présenter un camarade nouvellement engagé.

CARTOUCHE.

Où est-il?..

BEAULIEU.

Le voilà.

CARTOUCHE.

Eh bien, il n'est pas mal... où a-t-il travaillé?..

BEAULIEU.

Trois ans chez un procureur.

CARTOUCHE.

Ils lui seront comptés.

SCENE IX.

Les Mêmes, DUMENIL, Voleurs en rouliers, rentrant par le fond.

DUMÉNIL.

Tu vois, nous sommes prêts; tu n'as plus rien à nous commander?

CARTOUCHE.

Non.... je ne vois pas.... (*Remarquant un voleur mal habillé.*) Dis-donc? où as-tu la tête?.. tu n'es pas du tout à ton affaire.

DUMÉNIL.

Comment?..

CARTOUCHE.

Regarde-donc comme cet homme-là est habillé?.

DUMÉNIL, *au voleur.*

Ah çà, dis donc, est-ce comme ça que je t'ai dit de t'arranger, toi?

CARTOUCHE.

Allons, bon voyage et bonne réussite.

DUMÉNIL.

Sois tranquille, je me charge de mener la barque à bon port.

(*Il s'éloigne avec les hommes vêtus comme lui en rouliers, et conduisant des chariots couverts.*)

UN VOLEUR.

Capitaine, nous venons de surprendre un homme enveloppé dans un grand manteau, et qui rôdait près de cette ferme.

CARTOUCHE.

Qu'on l'amène à l'instant; malheur à lui s'il cherchait à nous surprendre!...

SCÈNE X.

Les Mêmes, CHARLES, amené par quelques voleurs.

CARTOUCHE.

Qui es-tu? quel motif t'amène en ces lieux? réponds sans hésiter, ou bien... (*Charles se découvre.*) Ciel! mon frère! que vient-il faire ici? (*Aux voleurs.*) Éloignez-vous?

SCÈNE XI.

CHARLES, CARTOUCHE.

CHARLES.

Tu détournes la vue... tu redoutes de rencontrer mes regards...

CARTOUCHE.

Que viens-tu chercher ici!

CHARLES.

Toi.

CARTOUCHE.

Moi!...

CHARLES.

Oui, toi; je ne saurais te craindre, et tu peux si tu veux,

ajouter encore à tous les titres odieux que t'ont mérité tes forfaits, celui de fratricide; mais tu m'entendras.

CARTOUCHE.

Parle donc, mais dépêche-toi.

CHARLES.

Tu sembles t'en orgueillir de commander à des brigands, tu es fier d'être l'opprobre de ton pays... malheureux!.. Ton nom depuis long-temps est voué à l'exécration publique; mais moi, qu'ai-je donc fait pour partager l'horreur que tu inspires?... on ne s'informe pas si j'ai des vertus, je suis ton frère, et ce titre suffit pour qu'on me repousse avec mépris. Désespéré, maudissant mon existence... il m'a fallu fuir, changer ce nom que nos pères étaient fiers de porter, et qui aujourd'hui n'exprime plus que meurtre et infamie!.. J'avais enfin trouvé un asile... un ami qui reçut un jour mon affreuse confidence... lui seul ne me repoussait pas... il savait distinguer et le criminel et la victime des préjugés; il redoubla de soins, d'amitié, pour me faire oublier les maux qui m'accablaient... il s'aperçut de mon amour pour sa sœur, et loin d'y mettre obstacle, il lui parlait pour moi... Elle aussi connaissait la pureté de mon cœur, elle n'hésitait pas à me nommer son époux... une terre étrangère devait recevoir nos sermens, j'entrevoyais le bonheur!... Contraint de m'éloigner pour quelques jours de ceux qui m'étaient si chers.... je revenais plein d'espoir.. je cherche les lieux qu'habitaient mon ami, ma bien aimée... je ne retrouve plus que ruines, que cadavres horriblement mutilés.... Cartouche avait passé par là!..

CARTOUCHE.

Ah! fais-moi le plaisir de m'épargner de semblables récits.

CHARLES.

Tu ne trembles donc pas au souvenir de tes hauts faits!.... les mânes de Saint Alban demandent vengeance.

CARTOUCHE.

Saint Alban, dis-tu?.. c'est sa sœur que tu devais épouser?

CHARLES.

Oui... pourquoi cette surprise?

CARTOUCHE.

Allons, va-t'en, et ne m'interroge pas.

CHARLES.

Consens donc à me suivre.

CARTOUCHE.

Tu veux que je t'accompagne? quel est ton but?.. pourquoi vouloir sans cesse auprès de toi celui qui te fait horreur?

CHARLES.

Tu ignores donc que ta tête est mise à prix ?

CARTOUCHE.

Je le sais.

CHARLES.

Et tu me demandes le motif qui me porte à t'engager à fuir ?.. Après avoir mis toute ta gloire à faire périr tes semblables, en attacherais-tu aussi à subir ton supplice devant ceux qui ont échappé à tes coups ? Voudrais-tu porter ta tête sur un échafaud, au milieu de tout un peuple, t'accablant de ses malédictions. Notre nom n'est-il donc pas assez flétri... Ah! ce n'est pas pour moi que je t'implore... je n'ai plus rien à espérer sur la terre; mais pense à notre père, qui au lit de la mort, te pardonna les premières fautes où t'entraînèrent la vanité et ton fatal désir de briller... Grâce!.. grâce!.. pour son nom qu'il ennoblit par tant de vertus... Consens à me suivre; nous échapperons peut-être encore... fuyons bien loin... cherchons des lieux où nous soyons s'il se peut inconnus. Tes mains ne connaissent plus l'usage du travail; eh bien, je travaillerai pour toi, le ciel doublera mon courage, et si le pain qui te nourrira est baigné de ma sueur, il ne sera plus du moins humide de sang et de larmes. Tu peux espérer le repos... par pitié... viens, viens!.. c'est à genoux que je t'implore...

CARTOUCHE.

Tu me presses en vain, je ne puis t'accorder ce que tu me demandes.

CHARLES.

Songe à l'infamie qui t'attend!...

CARTOUCHE.

Il est trop tard pour l'éviter.

CHARLES.

Au supplice qui se prépare.

CARTOUCHE.

Je saurai m'y soustraire.

CHARLES.

A la mort...

CARTOUCHE.

Je ne la crains pas.

CHARLES.

Au juge terrible qui t'entend.

CARTOUCHE.

Depuis long-temps il m'a maudit!

CHARLES.

Par ton repentir du moins, implore sa clémence.

CARTOUCHE.

Jamais; mon destin est fixé, il doit s'accomplir... cesse donc tes prières; abandonne au plutôt un être qui ne peut, qui ne veut pas t'entendre. Eloigne-toi promptement de ces lieux, plus tard je pourrais t'y retenir malgré moi... je le devrais pour ma sûreté, pour celle de mes compagnons... Je te permets encore d'en partir; mais ne tarde pas.

CHARLES.

Pourquoi me repousser?

CARTOUCHE.

Tu m'as entendu... va-t'en!

CHARLES.

Par pitié!...

CARTOUCHE.

Va-t'en!

CHARLES.

Dominique!...

CARTOUCHE, le repoussant et fuyant égaré.

Va-t'en!...

(*Il rentre dans la ferme*)

SCÈNE XII.

CHARLES, seul.

Il s'éloigne... il me faudra donc partir seul... il me faudra donc entendre l'arrêt de son supplice et les malédictions qui doivent l'accompagner!... Ah! puisse ma mort précéder ce moment affreux!...

SCÈNE XIII.

CHARLES, CAMILLE, voilée

CAMILLE, à la porte de la ferme, après s'être assuré que personne ne l'entend.

Charles!

CHARLES.

Grand dieu! comment mon nom se trouve-t-il prononcé dans ce repaire épouvantable?..

CAMILLE.

Charles!..

CHARLES.

Qui êtes-vous?

CAMILLE.

Suis-je donc déjà si méconnaissable?

CHARLES.

Quel son de voix!... est-ce un songe?...

CAMILLE, *relevant le voile qui lui couvre la figure..*

Tu ne te trompes pas.

CHARLES.

Camille!... mais Saint-Alban?...

CAMILLE.

La tombe ne rend pas sa proie.

CHARLES.

Mon ami n'est plus!... mais vous, comment avez-vous échappé au trépas?... comment vous trouvez-vous dans ces lieux horribles.

CAMILLE.

Tu sauras tout... il le faut... malheureuse!

CHARLES.

Camille, laisse-moi presser sur mon cœur cette main chérie, que je croyais pour jamais séparée de la mienne.

CAMILLE.

Ne m'approche avant de m'avoir entendue.

CHARLES.

Tu me fais frémir!

CAMILLE.

Écoute : tu te rappelles ce jour fatal où tu pensais nous quitter pour quelques heures seulement;... le ciel en avait décidé autrement. Profitant du silence de la nuit, de l'horreur des ténèbres, un monstre parut devant nous; le fer et la flamme brillaient dans ses mains. Surpris au milieu du sommeil, nous n'offrîmes aucune résistance... Les barbares!... sous mes yeux même, ils frappèrent Saint-Alban de mille coups. Éperdue, je veux fuir... à la lueur de l'incendie, le monstre m'aperçoit... me poursuit... abreuvé de sang, chargé d'or, ce n'était point encore assez pour lui... son âme infernale médite d'autres forfaits... je me débats... je le supplie... vains efforts... mes forces m'abandonnent... j'allais succomber.. on accourt... c'était un des siens... Fuyons, lui dit-il, ou nous sommes perdus... fuyons! il l'entraîne à ces mots... Je bénis le ciel qui m'arrache à l'infamie, et je tombe expirante sur le corps inanimé de mon malheureux frère!...

CHARLES.

Le cruel! et vous habitez les mêmes lieux!

CAMILLE.

Le hasard seul m'a conduite ici. Ne respirant que la vengeance, j'accourais sur ses traces, lorsque la nuit même de mon arrivée dans cette ferme, il en surprit les paisibles habitans. J'allais devenir une seconde fois sa victime; les vêtemens d'une vieille servante frappent mes regards; je m'en couvre à la hâte... Ils arrivent... m'examinent... m'interrogent... Je feins de ne pas les entendre, et croyant alors n'avoir rien à redouter de ma présence, l'un d'eux conçoit le dessein de me garder. Ils me proposent de les servir... J'ai l'air de refuser... ils commandent..... Depuis ce jour, sans cesse sur ses pas, j'épie ses moindres démarches, j'en instruis l'autorité; je ne veux pas laisser à d'autres le soin de livrer un tel monstre à la justice. Hier, il a su tromper mon espoir... bientôt, j'en ai la certitude, il ne pourra plus se soustraire à mes coups.

CHARLES.

Grand Dieu! à quel excès de misère me réserviez-vous!...

CAMILLE.

Ce n'est ni aux plaintes, ni aux prières qu'il faut avoir recours.

CHARLES.

Que veux-tu dire?...

CAMILLE.

Il faut livrer aux tribunaux, qui le réclament, le destructeur de tant de familles.

CHARLES.

Eh! quoi? lorsque je venais pour le sauver....

CAMILLE.

N'a-t-il pas refusé de te suivre?... pas un mot de votre entretien n'a pu m'échapper.

CHARLES.

N'importe, il est mon frère.

CAMILLE.

Ah! tu devrais l'oublier en me voyant; mais si l'infamie dont il voulait me couvrir, si le meurtre d'un frère qui te nomma son ami, qui te consola dans tes peines, lorsque tous les hommes te repoussaient, ne suffisent pas pour que tu te rendes à mes vœux... regarde où te mènera ta fatale indulgence. Il peut poursuivre long-temps encore sa carrière criminelle... chaque jour tu verras tomber sous son poignard de nouvelles victimes... tout leur sang rejaillira sur toi!... oui, à compter de ce moment, si tu refuses de seconder mes efforts, tu deviens son complice... la voix publique t'accuse... te condamne.. te maudit !... Charles ! Charles !... ne me résiste plus... venge la mort de Saint-Alban... venge ton pays... venge-moi !...

CHARLES.

Camille !... je ne puis... non, jamais...

CAMILLE.

Eh bien ! puisque mes prières sont impuissantes sur toi, je ne ménage plus rien, je cours me livrer au bourreau de ma famille ; je me fais reconnaître à lui, et s'il fut le meurtrier du frère, n'oublie pas que c'est toi qui immole sa sœur.

CHARLES.

Camille !... que fais-tu ?... arrête !...

CAMILLE.

Prononce donc !...

SCÈNE XIV.

Les Mêmes, EUGÈNE, deux Archers.

EUGÈNE.

Tout sourit à nos vœux, Madame ; la ferme est investie, il ne peut nous échapper.

CAMILLE, à Charles.

Tu l'entends ?

CHARLES.

Malheureux !

CAMILLE, à Charles.

Eh bien ? dois-je vivre ou mourir ?...

CHARLES.

Camille !...

CAMILLE.

Réponds ?

CHARLES.

Ah ! que je n'aie pas ta mort à me reprocher.

CAMILLE.

Je te comprends. (à Eugène.) Ne le quittez pas : je redoute encore sa faiblesse.

EUGÈNE.

Mais Alphonsine, où est-elle ? vous m'aviez promis de briser ses fers.

CAMILLE.

Je veille sur elle. Enfermée avec soin dans une des chambres de la ferme, dont j'ai seule la clef, on ne peut sans moi pénétrer jusqu'à elle. Je réponds de ses jours... le moindre bruit attirerait ces misérables... Vouloir la sauver en ce moment, ce serait la perdre, hâtez-vous donc de partir, de donner le signal du combat.

EUGÈNE.

J'obéis! (*aux archers.*) Vous connaissez votre consigne?

Ier. ARCHER.

Mais, capitaine, si l'on nous attaque, nous ne sommes pas en force.

EUGÈNE.

Soyez sans crainte, je ne tarderais pas à vous secourir. (*à Charles.*) Venez maintenant, un seul désir doit nous animer : c'est la mort de notre ennemi commun, du fléau de notre patrie!

CAMILLE.

Je vais guider vos pas.

CHARLES, à part.

Cruelle situation!... que dois-je faire?... oh! mon dieu! inspire-moi!...

(*Ils entraînent Charles, et sortent par la porte de la ferme.*)

SCÈNE XV.

Les deux Archers, CARTOUCHE, *paraissant à la porte de la ferme.*

CARTOUCHE.

Deux archers! nous allons nous amuser.

Ier. ARCHER.

Elle est aimable la consigne du capitaine, espionner Cartouche!

IIe. ARCHER.

Que veux-tu? il le faut bien, puisque c'est le seul moyen de s'emparer de sa personne.

CARTOUCHE, à part.

Braves archers, vous ne me tenez pas encore!

Ier. ARCHER.

La ferme est bien entourée.. nos camarades occupent toutes les routes... Il sera bien fin cette fois s'il nous échappe.

CARTOUCHE, à part.

C'est mon affaire.

IIe. ARCHER.

Ajoute que son signalement répandu avec profusion, augmente de beaucoup le danger qu'il court.

CARTOUCHE, à part.

Mon signalement !

(*Les deux archers sont assis.*)

Ier. ARCHER.

Bah ! son signalement?.. c'est encore là un pauvre moyen ; celui de la veille n'est jamais celui du lendemain.

CARTOUCHE.

C'est possible.

IIe. ARCHER, tenant un papier.

La dernière fois qu'il a été aperçu à l'Opéra, voilà comme il était : (*Il lit.*) Habit jaune... cheveux courts et de larges moustaches...

CARTOUCHE.

Un petit instant... je suis à vous.

(*Il disparaît un instant.*)

LE IIe. ARCHER, montrant le papier au Ier.

C'est bien cela, n'est-ce pas ?

Ier. ARCHER, regardant.

Oui... oui.... habit jaune.... moustaches... ah ! tu as bien lu.....

CARTOUCHE, reparaissant en charron.

Je peux me montrer maintenant.

Ier. ARCHER.

Moi, j'ai dans ma poche un signalement tout différent.

CARTOUCHE, s'arrêtant.

Hein ! que dit-il ?

Ier. ARCHER.

C'est à la foire Saint Laurent qu'on l'a vu comme cela. (*Lisant un signalement qui se trouve être celui que Cartouche vient de prendre.*) Des sabots.

CARTOUCHE, ôtant les siens.

C'est un autre genre...

(*Il entre un instant.*)

Ier. ARCHER, continuant.

Des sabots... tablier de cuir... habit brun... enfin, la mine et l'aspect d'un charron ; ce n'est pas la même chose comme tu vois.

IIe. ARCHER.

Il est certain qu'un habit jaune et un habit brun ne se ressemblent pas; mais vois-tu, c'est du tact qu'il faut avoir.

CARTOUCHE, reparaissant en meûnier.

Oui; vous êtes des malins.

Ier. ARCHER.

A qui le dis-tu? c'est du tact... buvons!..

CARTOUCHE.

Reconnaissez-moi, maintenant.

Ier. ARCHER.

Le gaillard est habile... mais le capitaine a trop d'intérêt à s'emparer de lui pour le manquer cette fois.

CARTOUCHE, se montrant.

Ah! il ne faut jamais jurer de rien.

IIe. ARCHER, surpris.

Qui va là?

Ier. ARCHER.

Par où diable êtes-vous entré?..

CARTOUCHE.

Je suis entré là dedans avant vous.

(*Montrant la maison.*)

Ier. ARCHER.

Qui êtes-vous?

CARTOUCHE.

J'sommes un meûnier des environs... en vous entendant parler de ce fameux coquin après qui on court, sans pouvoir jamais l'attraper, je venais vous donner des renseignemens sur son compte.

Ier. ARCHER.

Vraiment.

CARTOUCHE.

Parole d'honneur.

IIe. ARCHER.

Quelles nouvelles avez-vous à nous annoncer?

CARTOUCHE.

Oh! de bonnes nouvelles; je vous dirai en confidence qu'il n'a déjà plus le costume que vous lui croyez.

Ier. ARCHER.

Bah! l'auriez-vous rencontré?

IIe. ARCHER.

Où est-il?

CARTOUCHE.

Tout près de vous; et si vous voulez, je me charge de vous le montrer.

Ier. ARCHER.

Je donnerais tout au monde pour me trouver face à face avec lui.

IIe. ARCHER.

Et moi.. si je savais où le rencontrer, j'irais le chercher même au milieu des siens.

CARTOUCHE.

Oui... eh bien! je puis satisfaire vos désirs; tenez, venez; d'ici, vous le verrez à merveille... regardez bien!

Ier. ARCHER, regardant.

Là?

IIe. ARCHER.

Là?

CARTOUCHE, se mettant devant eux, après s'être emparé de leurs pistolets.

Non, là.

Ier. ARCHER.

Ah! mon dieu!.. c'est lui.

IIe. ARCHER.

Nous sommes morts.

CARTOUCHE.

Oui, si vous jetez le moindre cri... convenez que je suis de parole...

(*Coup de sifflet.*)

SCÈNE XVI.

Les Mêmes, BEAULIEU, Voleurs.

CARTOUCHE.

Emparez-vous de ces deux vaillans guerriers, et guérissez-les pour toujours de l'envie de savoir comment je veux m'habiller.

UN VOLEUR, accourant.

Alerte! alerte!.. un fort détachement d'archers se dirige de ce côté.

CARTOUCHE.

Apprêtons-nous à le recevoir avec les honneurs militaires.

(*Cartouche, Beaulieu et les siens rentrent dans la ferme avec les deux archers; les portes du fond sont enfoncées.*)

SCENE XVII.

CHARLES, EUGÈNE, CAMILLE, Archers.

CAMILLE, *aux Archers, montrant la porte de la ferme.*

C'est là qu'il faut entrer.

EUGÈNE.

Suivez-moi, je vais aussi vous montrer le chemin (*A Camille.*) Guides mes pas vers Alphonsine.

(*Eugène et les Archers entrent dans la ferme.*)

CAMILLE, *à Eugène.*

Je suis à vous. (*A Charles.*) Souviens-toi de ton serment.

CHARLES.

Ne l'exige plus.

CAMILLE.

Ainsi Saint Alban ni moi ne serons vengés.

CHARLES.

Il est mon frère... je dois le sauver de l'échafaud ; il faut qu'il me suive, ou nous périrons ensemble.

CAMILLE.

Charles !.. Charles !..

CHARLES.

Je ne m'appartiens plus !...

CAMILLE.

Je ne te quitte pas, et sans toi je saurai bien remplir ma promesse.

(*Il entre dans la ferme comme un homme égaré ; une vive fusillade s'engage. On aperçoit en dehors de la ferme les voleurs et les archers qui se poursuivent.*)

SCENE XVIII.

PIERRE LEROUX, au soupirail, MADELON, à la fenêtre du grenier.

PIERRE LEROUX.

C'est fait de moi, c'est sûr, c'est fait de moi.

MADELON.

Ah ! ah ! mon dieu, oh ! oh ! oh !..

PIERRE LEROUX.

C'est Madelon que j'entends, je reconnaissons ses oh! oh! quoique tu fais donc là haut, Madelon?

MADELON.

J'ai peur... ah! ah! ah! Et toi, Pierre Leroux, quoique tu fais donc là bas? ah! ah! ah!...

PIERRE LEROUX.

J'ai peur aussi, mais j'crie pas, ça peut les faire venir; tâche de te tirer d'là haut, moi j'vas tâcher de m'tirer de là bas.

MADELON.

Eh ben, comment veux-tu que j'fasse?

PIERRE LEROUX.

J'en sais rien, c'est égal, faut se dépêcher; tiens, mets-toi sur la botte de foin.

MADELON.

Sur la botte?

PIERRE LEROUX.

N'crains rien, j'vas te tenir; laisse-toi aller. y es-tu?

MADELON.

Oui.

(*Madelon est sur la botte, la corde marche sur la poulie; Pierre Leroux reçoit Madelon.*)

PIERRE LEROUX.

C'est ça; en route et sauvons-nous.

SCÈNE XIX.

CARTOUCHE, seul, désarmé.

C'en est fait!... plus d'espoir!... mais de quel côté porter mes pas?...

SCÈNE XX.

CHARLES, CARTOUCHE.

CHARLES, enveloppé dans son manteau.

Prends ce manteau, et suis-moi.

CARTOUCHE.

Comment, c'est encore toi?

CHARLES.

Oui, j'ai juré de mourir ou de t'arracher au supplice.

CARTOUCHE.

Charles !... mon frère !...

CHARLES.

Les momens sont précieux ; viens... ah !...

(Au moment où Charles va entraîner Cartouche, un coup de feu parti au hasard l'atteint.)

CARTOUCHE.

Grand Dieu !...

CHARLES.

Fuis !...

CARTOUCHE.

Que je t'abandonne ?...

CHARLES.

Je n'ai rien à craindre de la justice de Dieu, ni de celles des hommes... éloigne-toi !...

(Il tombe évanoui dans la coulisse. Au moment où Cartouche va pour sortir, Camille paraît deux pistolets en mains.

SCÈNE XXI.

CARTOUCHE, CAMILLE.

CAMILLE.

Arrête, Cartouche !...

CARTOUCHE.

Qui es-tu pour oser me menacer ?...

CAMILLE.

Une de tes victimes.

CARTOUCHE.

Qu'entends-je !...

CAMILLE, *rejetant son voile.*

Me reconnais-tu maintenant ?...

CARTOUCHE.

Camille ! quand cesseras-tu donc de me poursuivre ?...

CAMILLE.

Quand tu marcheras au supplice.

CARTOUCHE.

Eh bien ? tu as des armes, satisfais ta vengeance.

CAMILLE.

Non... c'est sur l'échafaud que tu dois finir... je serai sans pitié pour toi... quand je te suppliais, en as tu éprouvé dans les ruines fumantes du Château de Saint-Alban... Eh! bien, comme toi, je serai inexorable.

CARTOUCHE.

Femme insensée, je saurai malgré toi échapper à la mort affreuse que tu me réservais.

(*Il entre dans la ferme, barricade la porte, monte au premier étage, saisit un flambeau, met le feu qui gagne promptement, et attend les bras croisés; les archers et les soldats d'Eugène accourent.*)

SCÈNE XXII.

CARTOUCHE, ALPHONSINE; (dans la ferme,) CAMILLE, EUGÈNE, Archers, Soldats d'Eugène, Paysans, etc.

CAMILLE, à Eugène.

Il est là!...

EUGÈNE.

Cernez cette maison; qu'il périsse dans les flammes, plutôt que d'échapper encore.

CAMILLE.

Archers!... je double la récompense promise s'il tombe vivant entre vos mains!

ALPHONSINE, à la fenêtre.

Eugène!... Eugène!...

EUGÈNE.

Alphonsine!...

CARTOUCHE, la prenant par le bras et la forçant de rentrer.

Vaines prières!... nous périrons ensemble..

(*Eugène et ses hommes se précipitent dans les flammes. Des paysans accourent avec des seaux pour éteindre l'incendie. La ferme est cernée par les archers. Un paysan pénètre dans la chambre où Cartouche attend le trépas, une poutre enflammée tombe sur lui; il pousse un cri. Cartouche aussitôt s'empare de sa veste et d'un bonnet et descend deux seaux à la main. Eugène et Camille sont occupés d'Alphonsine. Cartouche veut passer, un archer l'arrête et lui dit:*)

1er. ARCHER.

Eh bien! Cartouche est-il pris?

CARTOUCHE, lui jetant un seau d'eau à la figure.

Pas encore!

(*Eugène revient portant dans ses bras Alphonsine évanouie.*)

CAMILLE, apercevant un paysan qui fuit promptement, reconnaît Cartouche.

Le voilà!...

(*Les archers font feu du côté où il est sorti, et se mettent à sa poursuite.*)

FIN DU SECOND ACTE.

ACTE III.

Le théâtre représente une salle de l'auberge du Pistolet ; plusieurs portes numérotées ouvrent sur cette salle. A droite, un escalier conduisant à une chambre dont la fenêtre donne sur le théâtre. Du même côté, sur le premier plan, une petite porte où l'on arrive en descendant trois marches, et qui mène à l'écurie.

SCÈNE PREMIÈRE.

ANDRÉ, JACQUES, MATHIEU.

(*André et Jacques sont assis à une table, et mangent avec avidité. Mathieu devant la porte du fond qui est ouverte, regarde au dehors.*)

MATHIEU, avec impatience.

Ils n'arrivent pas.

ANDRÉ.

Nous avons joliment soupé tout d'même.

JACQUES.

J'crois ben ; du pain blanc avec du fromage, et une demi-bouteille de vin à nous deux.

ANDRÉ.

Ah ! dame, c'est pas tous les jours fête !

JACQUES.

C'est ça ; parce que nous avons fait hier une bonne journée, tu ne r'gardes pas à la dépense.

ANDRÉ.

C'est pourtant à c'bon seigneur que nous devons tout ça.

JACQUES.

Aussi il peut être ben sûr que nous ne l'oublierons jamais.

ANDRÉ.

Y a pas de risque !... cheux nous autres enfans d'la Savoie, on n'trouve pas plus d'ingrats que d'paresseux, et si jamais il le fallait, pour lui, vois-tu, je m'mettrais en feu, quoi !

JACQUES.

Et moi, j'crois que je m'serais tuer.

ANDRÉ.

A ta santé!

JACQUES.

A la tienne!

MATHIEU, toujours devant la porte.

Je perds patience.

JACQUES, bâillant.

A présent que j'ai pus faim, v'là l'sommeil qui m'galoppe; avec ça qu'nous avons encore demain dix bonnes lieues à faire... j'crois qu'un petit brin de repos n'nous ferait pas d'mal.

ANDRÉ, montrant Mathieu.

Si c'brave homme pouvait nous céder un p'tit coin... en payant, bien entendu.

JACQUES.

Dites donc, bourgeois, si c'était un effet de vot' part, d'nous donner un endroit pour dormir.

MATHIEU.

T'nez, v'là porte de l'écurie, y a d'la la paille fraîche.

JACQUES.

Ben obligé... (à André.) A l'écurie!.. j'aime mieux ça; ça ne coûtera rien... viens-tu?...

ANDRÉ.

Me v'là.

(Ils entrent dans l'écurie et ferment la porte sur eux.)

SCÈNE II.

MATHIEU, seul.

Allons, il faut qu'il leur soit arrivé queuque chose.... je suis d'une inquiétude!... si j'envoyais au devant d'eux... Holà! Jean! Nicolas! Jean!..

SCÈNE III.

MATHIEU, JEAN.

NICOLAS.

V'là qu'me v'là not' maître; quoiqu'il y a?

MATHIEU.

Y a que je n'sais c'que sont d'venus Pierre Leroux et Madelon ; ils devaient être ici dès le matin. V'là bentôt la nuit et je n'ai pas d'leux nouvelles ; y faut m'n'enfant aller en te promenant jusques chez madame de Méran.

JEAN.

En me promenant ?.. Y a trois fameuses lieues.

MATHIEU.

Tu raisonnes, je crois ?

JEAN.

J' raisonne pas ; j' dis seulement qu'il y a trois fameuses lieues.

MATHIEU.

Moi bleu ! qu'on m'obéisse, ou jarni !

JEAN.

J'vas prendre le fallot !.. Ah ? mais r'gardez donc not' maître, tout c'monde qui vient par ici... (*à part.*) Si ça pouvait être l..

MATHIEU.

Ah ! mon dieu ! des archers.... un homme sur un brancard !...

SCENE IV.

Les Mêmes, CAMILLE, CHARLES, sur un brancard, EUGÈNE, Archers.

EUGÈNE, à Mathieu.

Vous êtes le maître de cette maison ?

MATHIEU.

Oui, monsieur.

EUGÈNE, montrant Charles qui est couvert d'un manteau.

Ce jeune homme, dangereusement blessé, réclame les secours les plus pressans.

MATHIEU.

Disposez de moi, de toute ma maison. (*à Jean.*) Prépare tout ce qu'il faut dans cette chambre.

(*Jean entre dans la chambre avec trois autres paysans.*)

CAMILLE.

De prompts secours lui sont nécessaires ; mais à cette heure, aussi éloignés de toute habitation....

MATHIEU.

Il y a ben un vieux médecin qui habite depuis un mois le village, à une lieue d'ici.

EUGÈNE.

Vous le connaissez?...

MATHIEU.

Non, car je n' sommes jamais malades cheux nous... Mais il est humain, et il n'hésitera pas à venir si on le demande.

CAMILLE.

Ah! qu'on le prévienne à l'instant.

MATHIEU.

Jean va y aller. (à *Jean*.) Ecoute, en allant chez madame de Méran...

EUGÈNE, *interrompant*.

Chez madame de Méran, dites-vous?... (à *Jean, en lui donnant de l'argent*.) Mon ami, ne perds pas un instant; dis-lui que sa fille est en sûreté, et que bientôt Eugène de Courval la remettra dans ses bras.

MATHIEU.

Mam'zelle Alphonsine!... pardon, Monsieur; mais que lui est-il donc arrivé?...

EUGÈNE, *prenant Mathieu à part*.

Elle était tombée au pouvoir de Cartouche.

MATHIEU.

Cartouche!...

EUGÈNE, *regardant Charles*.

Chut!... trop faible pour supporter les fatigues de la route, elle est restée chez une femme du village voisin... Mon devoir m'a forcé de la quitter; bientôt, j'espère, je pourrai retourner auprès d'elle, et la ramener chez sa mère.

MATHIEU.

Jean!

JEAN, *sortant de la chambre*.

Mais tout est prêt, not' maitre.

MATHIEU.

C'est Nicolas qui ira chez madame de Méran; toi, attèle un cheval à la cariole.

(*Jean sort.*)

EUGÈNE.

Que voulez-vous faire?

MATHIEU.

Envoyer chercher l' médecin, donc.

EUGÈNE.

Brave homme!

MATHIEU.

Allons, capitaine, v'nez donner vos ordres; moi j' vas donner mes instructions.

(*Ils sortent.*)

(*Les deux archers font sortir les villageois par le fond. Eugène, Mathieu, et les gardes entrent dans la chambre.*)

SCÈNE V.

CAMILLE, CHARLES.

(*Charles est dans un fauteuil, une cravatte noire, placée sur sa poitrine, couvre la blessure qu'il a reçue.*)

CAMILLE.

Charles!... c'est moi qui ai causé ta mort, en exigeant ce fatal sacrifice!

CHARLES, d'une voix faible.

Je voulais encore le sauver... le ciel m'en punit; mais pourquoi pleurer?... l'avenir qui m'était réservé était trop affreux!... Dieu m'appelle!... je suis calme... je ne crains pas sa présence...

CAMILLE.

Et l'auteur de tant de maux est encore impuni!...

CHARLES.

Camille!

CAMILLE.

Quand recevra-t-il enfin le prix de tous ces crimes?

CHARLES.

Il est mon frère!...

CAMILLE.

Il est ton assassin.

CHARLES.

Non... ce n'est pas lui... il eût respecté mes jours... au nom de notre amour, renonce à te venger... jure-moi...

CAMILLE.

Jamais! jamais! il ne m'entend plus!... Charles!... reviens à toi, et je promets... (*tombant à genoux.*) Grand dieu! prends ma vie, et sauve cet infortuné!...

SCÈNE VI.

Les Mêmes, EUGÈNE, UN CHEF ET UN PELOTON.

EUGÈNE, *arrivant par le fond.*

Rassurez-vous, Madame, on est parti, et le médecin que nous attendons ne peut tarder sans doute.

CAMILLE.

Puisse-t-il ne pas arriver trop tard!...

SCÈNE VII.

Les Mêmes, UN ARCHER.

L'ARCHER.

Capitaine, d'après vos ordres, nous vous amenons un vieillard que nous avons rencontré sur la route. Il a fait quelque résistance pour nous suivre.

EUGÈNE.

Où est cet homme?

L'ARCHER.

Le voilà.

SCÈNE VIII.

Les Mêmes, CARTOUCHE, ARCHERS.

(*Cartouche déguisé en médecin; il se tient courbé et marche lentement. Pendant le commencement de cette scène, Camille est penchée sur le fauteuil de Charles, et ne prend point part à ce qui se passe autour d'elle.*)

EUGÈNE.

Pardonnez, monsieur, si pour quelques instants on vous a détourné de votre chemin. La sûreté publique exigeait cette mesure qui est générale.

CARTOUCHE.

Puis-je au moins connaître le motif?...

EUGÈNE.

Nous sommes à la recherche d'un grand criminel...

CARTOUCHE.

Mais quel rapport?...

EUGÈNE.

Vous avez des papiers?...

CARTOUCHE, avec inquiétude.

Des papiers... (*fouillant à sa poche.*) Oui.

EUGÈNE.

Donnez.

CARTOUCHE, à part.

Que va-t-il lire?...

EUGÈNE.

O ciel!... vous seriez le médecin qui habite le village voisin?

CARTOUCHE.

Lui même. (*à part.*) Je suis sauvé!

CAMILLE.

Ah! Monsieur, c'est le ciel qui vous envoie!

CARTOUCHE, à part.

Encore cette femme!...

EUGÈNE.

Votre présence en ces lieux était vivement désirée.

CARTOUCHE.

Pardon : mais je me rendais auprès d'une famille éplorée pour qui le moindre retard peut devenir funeste.

CAMILLE.

Ah! Monsieur un instant!... un seul instant, consentez à le voir, (*Elle le conduit auprès de Charles.*) On vient te secourir.

CARTOUCHE, à part.

Mon frère!...

CAMILLE, remarquant l'émotion de Cartouche.

Qu'avez vous?...

CARTOUCHE.

L'état de ce malheureux m'a frappé.

CHARLES, d'une voix affaiblie.

Camille, je t'en supplie... épargne mon frère!...

CARTOUCHE, à part.

Il prie pour moi!...

CAMILLE, observant Cartouche.

Vous détournez la vue?... regardez-le... pressez sa main...

CARTOUCHE, avec sang-froid.

La douleur vous égare, madame, vous le voyez... (*prenant avec effort la main de Charles*) Je la tiens... (*à part.*) C'est fait de moi, s'il me reconnaît.

CAMILLE.

Eh bien ?

CARTOUCHE.

J'ai peu d'espoir de le sauver... l'art serait impuissant... La nature peut-être...

CHARLES.

Laissons à Dieu le soin de décider de mon sort ; mais je veux profiter du peu de forces qui me reste pour le prier encore pour lui.... et vous, ministre de ses autels, joignez vos prières aux miennes... Camille, soutiens-moi.

CAMILLE, l'aidant à se mettre à genoux.

Charles !...

CHARLES, d'une voix faible, mais priant avec ferveur. Il est aussi soutenu par Cartouche qui détourne la vue.

Dieu de bonté et de clémence, fait du moins qu'il meure repentant... et vous, monsieur, votre bénédiction... Camille !... (*Il tourne ses regards vers Cartouche, le reconnaît et s'évanouit.*) Ah !...

CAMILLE.

Il n'est plus !...

CARTOUCHE, à part.

Il était temps, je l'ai échappé belle. (*Haut.*) Si ne puis plus vous être utile.. permettez...

CAMILLE, à part.

Quel sang-froid cruel !.. (*A Cartouche qui s'éloigne.*) Arrêtez !

CARTOUCHE, effrayé.

Comment ?...

CAMILLE.

Mes amis, épargnez-moi cet horrible spectacle ! (*A Cartouche.*) Et vous, monsieur, je vous en supplie, ne l'abandonnez point encore... vos efforts peut-être peuvent le rendre à la vie... je vous attends ici... un seul mot de vous ensuite, et vous êtes libre de nous quitter.

CARTOUCHE.

J'y consens, madame. (*à part.*) Craignons d'éveiller le moindre soupçon.

(*On transporte Charles dans la pièce voisine où Cartouche l'accompagne.*)

SCENE IX.

EUGENE, CAMILLE.

EUGÈNE.

Madame, commandez à votre douleur.

CAMILLE.

Et sur qui répandrais-je des pleurs? la mort l'arrache à l'opprobre de son nom... à l'infamie dont ses vertus ne pouvaient le garantir... C'est à présent que son bonheur commence!... et si je tarde à le partager ce bonheur que j'envie, c'est que par son trépas, mes devoirs viennent de s'augmenter encore... Saint Alban!.. Charles!.. je tiendrai mes sermens.

EUGÈNE.

Séchez vos larmes; peut-être est-il encore quelqu'espoir.

CAMILLE.

Des larmes!... je ne peux plus pleurer.... il m'attend!... ne voyez plus en moi que l'ennemie de Cartouche.

EUGÈNE.

Bientôt, je l'espère, il sera en mon pouvoir.

CAMILLE.

Et s'il était ici?

EUGÈNE.

Que dites-vous?..

CAMILLE.

L'homme qu'on vient d'amener en ces lieux, est-il bien en effet le ministre protestant que nous attendions?..

EUGÈNE.

Ses papiers me l'ont prouvé.

CAMILLE.

Mais ces papiers sont-ils à lui?... quand vous l'avez interrogé, il hésitait à répondre... lorsque ses regards se sont tournés vers celui qui réclamait ses soins, il a frémi... à l'instant où l'infortuné semblait succomber, il était calme, et même j'ai cru voir dans ses yeux une joie cruelle.

EUGÈNE.

Vous penseriez!..

CAMILLE.

Oui, si j'ose en croire tous ces indices... et l'horreur que j'éprouve depuis que cet homme est près de moi... c'est Cartouche!.....

EUGÈNE.

S'il était vrai!

CAMILLE.

Le voilà... observez-le bien, et surtout ne souffrez pas qu'il s'éloigne.

SCÈNE X.

Les Mêmes, CARTOUCHE, *affectant un air pénétré*.

CARTOUCHE.

Hélas! je puis partir, Madame.

EUGÈNE.

Je dois vous retenir encore.

CARTOUCHE.

J'ai eu l'honneur de vous dire, Monsieur, que j'étais attendu... l'intérêt d'une famille...

EUGÈNE.

Veuillez de nouveau me confier vos papiers.

CARTOUCHE.

Mes papiers?... mais il me semble, Monsieur, que tout-à-l'heure...

EUGÈNE.

Si vous n'avez rien à craindre, pourquoi refuser de les montrer encore?...

CARTOUCHE.

Les voilà.

EUGÈNE.

Vous vous appelez?...

CARTOUCHE, cherchant.

Saint-Firmin.

EUGÈNE.

Vous habitez?...

CARTOUCHE.

Le village qui est à deux lieues d'ici.

EUGÈNE, bas à Camille.

Vous l'entendez, Madame; il ne se trouble pas.

CAMILLE, à part.

Si c'est lui, comment le forcer à se découvrir?

CARTOUCHE.

Enfin, rien ne s'oppose plus maintenant à ce que je continue ma route?

(Il fait quelques pas pour s'éloigner.)

SCÈNE XI.

Les Mêmes, MATHIEU, Paysans, Archers.

MATHIEU, en dehors.

Par ici, par ici...

EUGÈNE.

Quel est ce bruit?

CARTOUCHE, à part.

Serais-je découvert?

MATHIEU, entrant.

Ah! dieu! merci... j'arrivons à temps.

EUGÈNE.

Qu'y a-t-il ?

MATHIEU.

Ah ! bien des choses... mais avant tout, monsieur le capitaine, ordonnez qu'on ait toujours les yeux sur Monsieur, et surtout qu'on ne le laisse pas partir, avant que je vous ayons débité tout ce que j'ai à vous dire.

CARTOUCHE.

Pourquoi cette mesure ?...

MATHIEU.

Vous allez le savoir.

EUGÈNE, aux archers.

Que personne ne sorte.

MATHIEU.

Je vous dirai donc qu'on vient de trouver, dans le petit bois, tout près d'ici, un vieillard dépouillé de ses habits, et garotté à un arbre ; mais ce qui va bien vous surprendre, c'est que ces paysans ont reconnu dans ce malheureux, monsieur de Saint-Firmin, le pasteur de leur village.

CARTOUCHE.

Ça va mal !

CAMILLE, ne perdant pas de vue aucun de ses mouvemens.

Mes pressentimens ne m'avaient pas trompés.

EUGÈNE.

Achève.

MATHIEU.

Enfin, tant qu'il y a, qu'on pourra bientôt le confronter avec Monsieur, (en montrant Cartouche.) car je l'ai fait entrer par la porte du jardin ; il est en ce moment auprès de ce pauvre jeune homme, dont il semble répondre déjà.

CAMILLE.

O mon dieu ! que ne vous dois-je pas !

MATHIEU.

Nous nous sommes tous dit aussitôt ; puisque c't autre est M. de Saint-Firmin ; alors quel est Monsieur ?...

CAMILLE, avec énergie.

C'est Cartouche !...

TOUS, excepté Eugène.

Cartouche !...

CARTOUCHE.

Vous oseriez !... cette supposition... injurieuse...

CAMILLE.

Cesse de vouloir te défendre ; ton adresse est grande ; mais du premier moment je t'avais soupçonné. Pensais-tu tromper les regards d'une femme qui ne respire que pour te livrer au supplice ?...

CARTOUCHE, se découvrant.

Eh bien ! oui, je suis Cartouche !... (à Camille, avec un sourire sardonique.) En effet, tu devais me reconnaître.

CAMILLE.

Monstre!...

CARTOUCHE.

Mais ne pense pas jouir long-temps de ton triomphe.

EUGÈNE.

Emparez-vous de lui!... qu'il soit enfermé dans cette chambre, (*il désigne la chambre à droite.*) et attaché avec force. Deux hommes veilleront sur lui.

CARTOUCHE, à part.

C'est égal, ils ne m'abandonneront pas, ainsi je ne risque rien de me laisser faire.

(*Les archers s'emparent de Cartouche, et le conduisent dans la chambre à droite. On le garotte. Deux hommes se couchent devant la porte en dehors; deux autres se promènent sous la fenêtre.*)

CAMILLE.

L'ombre de mon frère sera bientôt satisfaite!

EUGÈNE, à Camille.

Dans le cas où il tomberait en mon pouvoir, j'ai ordre de demander un nouveau renfort pour le conduire à Paris; tous ses complices ne sont pas encore arrêtés, et l'on pourrait faire quelques nouvelles tentatives pour l'arracher de nos mains. Plus d'une fois déjà son adresse a su tromper notre vigilance...

CARTOUCHE, dans la chambre.

J'espère bien que ce ne sera pas la dernière.

EUGÈNE, aux archers.

Redoublez donc d'attention, ne le perdez pas de vue un seul instant. (*aux paysans.*) Maintenant bannissez toute crainte, mes amis... vous avez la preuve que, malgré l'audace la plus extraordinaire, un courage à toute épreuve, le coupable cherche en vain à se soustraire au glaive des lois.

CARTOUCHE.

C'est ce que nous verrons.

(*Les archers ont pris leur poste. Les villageois sortent avec Eugène et Camille. Mathieu, auquel Eugène a également recommandé la surveillance, les accompagne jusqu'à l'extérieur.*)

SCÈNE XII.

CARTOUCHE, dans la chambre, MATHIEU, PIERRE LEROUX, Archers.

PIERRE LEROUX, qu'on ne voit pas encore.

Père Mathieu! Pierre Mathieu!

MATHIEU.

Ah! te voilà enfin.

CARTOUCHE, à part.

Écoutons et profitons.

PIERRE LEROUX, paraissant.

Vous êtes bien heureux d'être comme ça en société avec du

monde... moi, j'suis tout seul, et depuis deux heures j'cours toujours.

MATHIEU.

Eh ben ! où est ma nièce ?

PIERRE LEROUX.

Vot' nièce, père Mathieu ?.. elle est cachée.

MATHIEU.

Comment, elle est cachée ?...

PIERRE LEROUX.

Sans doute ; vous ne devineriez jamais d'où je sors.

MATHIEU.

Enfin, parleras-tu ?

PIERRE LEROUX.

Eh ben, je sors de cheux Cartouche.

MATHIEU.

Serait-il bien possible ?

PIERRE LEROUX.

Rien que ça ; il était gentil l'régiment où j'voulais m'enrôler. Enfin, pour en r'venir à vot' nièce, j'l'ons cachée dans une carrière, là ous qu'elle se tient blottie, comme un lapin dans son terrier, et elle n'en sortirait pas pour un empire... mais pour moi, c'est différent, j'ai qu'à l'appeler.

MATHIEU

Eh bien, va, dépêche-toi de l'amener ici.

PIERRE LEROUX.

Oui ; mais pisque j'vous dis qu'elle a peur de Cartouche.... il lui a fait des traits... et à moi donc !...

MATHIEU.

Tu n'as plus rien à craindre, nous le tenons ; il est là.

PIERRE LEROUX, avec effroi.

Il est là ? ah ! mon dieu !..

MATHIEU.

Ne crains rien ; il est lié, garotté d'une jolie façon

PIERRE LEROUX.

En êtes-vous bien sûr ?..

MATHIEU.

Je t'en réponds.

PIERRE LEROUX.

Vraiment... il est pris ?.. fallait donc m'dire ça tout d'suite... Te v'là donc en cage, à la fin !..

CARTOUCHE.

Eh bien, M. Pierre Leroux, vous avez donc donné votre démission.

PIERRE LEROUX.

Oui, oui... ça t'apprendra à me donner des lettres de recommandation. (*A Mathieu.*) Ah ! ça, vous êtes ben sûr qu'il est ben attaché ?..

MATHIEU.

Sois donc tranquille, et va chercher Madelon.

PIERRE LEROUX.

Pis qu'il n'y a plus de danger, j'y cours; ça ne sera pas long, père Mathieu, Martin est encore là... tout bâté... c'pauvre Martin!... il nous a rendu ben des services aujourd'hui.... c'est une justice à lui rendre. Ah! donnez-moi la clef d'l'écurie qui donne sur la route... c'est le plus court, et la route par là est moins fréquentée.

MATHIEU.

C'est bon, la v'là! va-t'en.

SCÈNE XIII.

Les Mêmes, JEAN.

PIERRE LEROUX.

Tiens, v'là Jean Lebeau!... bonjour Jean Lebeau,... j'vas chercher Madelon.

(*Il sort par l'écurie.*)

JEAN.

Bonjour, Pierre Leroux; dites donc not' maître, v'là des rouliers qui arrivent; ousque nous allons les loger?..

CARTOUCHE.

Des rouliers... Duménil est de parole, et je suis sauvé.

MATHIEU.

Tu es toujours embarrassé, toi; est-ce que la place nous manque?..

JEAN.

J'dis pas ça; mais c'est qu'ils sont au moins une douzaine.

MATHIEU.

Eh bien! quand ils seraient encore plus nombreux, est-ce que je peux quitter cette salle, je réponds aussi de ce coquin-là... ainsi que les rouliers s'arrangent comme ils pourront...

JEAN.

Mais, M. Mathieu.

MATHIEU.

Mais, mais... remise leurs voitures sous les hangards monte-leur du vin.... et laisse-moi tranquille... ce monsieur là me tracasse bien assez.

JEAN.

Ça suffit... T'nez, les v'là les rouliers.

CARTOUCHE, à part.

Attention!

SCÈNE XIV.

MATHIEU, DUMÉNIL, et VOLEURS, en rouliers.

DUMÉNIL, *regardant de tous côtés, à part.*

Il doit être ici... (*Haut.*) Salut, M. Mathieu.

MATHIEU.

Messieurs, c'est moi qui suis le vôtre...

DUMÉNIL, aux siens.

Placez ces barils... là... Il n'y a rien à craindre, n'est-ce pas, M. Mathieu?

MATHIEU.

Qui voulez-vous qui touche à vos barils? (*A part.*) C'est drôle, je n'en connais pas un.

DUMÉNIL.

Pourriez-vous nous faire servir à souper; la route nous a donné de l'apétit... avec ça que les chemins sont si mauvais...

CARTOUCHE, à part.

Comment les avertir!...

MATHIEU.

Qu'est-ce que vous dites donc?... ils sont magnifiques les chemins. Ah! ça, vous serez un peu gênés aujourdhui, j'ai tant de monde ici...

DUMÉNIL.

Oui, nous savons ce qui se passe; on dit que Cartouche est arrêté, est-ce vrai?..

MATHIEU.

Très-vrai.

DUMÉNIL, apercevant Cartouche.

Le voilà!

CARTOUCHE, à part.

Ils m'ont vu!

MATHIEU.

Ça doit vous faire plaisir à vous autres, qui êtes toujours sur la grand'route.

DUMÉNIL.

Grand plaisir, certainement... et il est sans doute déjà bien loin d'ici?

MATHIEU.

Non, il ne partira que demain; on n'est pas assez en force pour risquer de l'emmener de nuit.

DUMÉNIL.

Ah!.. (*à part.*) C'est ce que je voulais savoir. (*Haut.*) Parbleu! je suis enchanté de tout ce que vous me dites là, et nous allons boire en réjouissance d'une aussi belle capture.

SCENE XV.

Les Mêmes, JEAN, avec deux paniers de vin.

JEAN.

V'là du vin.

DUMÉNIL.

A table!.. j'espère, père Mathieu, que vous allez trinquer avec nous.

MATHIEU.

Ma foi, ce n'est pas de refus, pour une circonstance comme celle-là.

DUMÉNIL.

Et vous, camarades, vous ne refuserez pas non plus de faire raison.

Ier. ARCHER.

Impossible!

DUMÉNIL.

Mais vous ne quitterez pas votre prisonnier pour boire un coup.

IIe. ARCHER.

La consigne nous le défend.

DUMÉNIL.

Diable!.. quel moyen employer. (*Bas aux siens.*) Suivez tous mes mouvemens, et secondez-moi.

MATHIEU.

Ils ont raison, si on le perdait de vue un instant on ne sait pas trop ce qui en arriverait.

SCÈNE XVI.

Les Mêmes, MADELON, PIERRE-LEROUX, *par la petite porte de l'écurie. Ils ne font que montrer leur tête. Ils avancent un peu plus après, sans être aperçus par Duménil et les siens.*)

PIERRE LEROUX.

Enfin, te v'là cheux toi, Madelon.

MADELON.

J'en avons-ti vu des grises, aujourd'hui!

PIERRE LEROUX.

Quoique tu dis donc?... j'en avons parbleu bien vu de toutes les couleurs.

DUMÉNIL, versant à boire.

En ce cas, à nous père Mathieu...

CARTOUCHE, à part.

Qu'ils tardent à agir!

PIERRE LEROUX.

Eh ben? quoi qu'ils font donc là?.. ah! mon dieu! comme ils ressemblent aux voleux de ce matin!... et l'père Mathieu qu'est avec eux.

MADELON.

Qu'est-ce que tu dis donc là, Pierre-Leroux? voyons... Ah! mon dieu! oui, je r'connaissons le p'tit courtaut... c'est celui qui m'appelait la grosse.

PIERRE LEROUX.

Ah! il t'appelait la grosse?

MADELON.

J'vas m'trouver mal!

PIERRE LEROUX.

Non, n'te trouve pas mal... mais allons trouver les archers qui sont en dehors... chût!... chût!.. ah! mes gaillards!...

(*Ils se sauvent par l'écurie.*)

SCÈNE XVII.

Les Mêmes, hors PIERRE LEROUX et MADELON.

DUMÉNIL.

A votre santé, M. Mathieu.

Cartouche.

MATHIEU.

A la vôtre.

DUMÉNIL.

C'est qu'il est délicieux.

MATHIEU.

J'crois ben, c'est moi qui le fait.

DUMÉNIL, aux archers.

Tenez, sans façons... un verre sans quitter votre poste...
(*Duménil et les siens présentent un verre à chacun des archers, qui se décident à accepter; au même moment les voleurs les désarment.*)

DUMÉNIL, les couchant en joue.

Au moindre cri vous êtes morts.

LES ARCHERS.

Nous sommes trahis.

MATHIEU.

Miséricorde !

DUMÉNIL.

Silence !

CARTOUCHE.

A moi, mes amis !

DUMÉNIL.

Hâtons nous de délivrer le capitaine.

(*On a désarmé et renversé les archers, on cherche à enfoncer la porte de la chambre où est enfermé Cartouche. Les voleurs qui ont tiré leurs armes de dessous leurs déguisemens se précipitent sur les archers et les repoussent; la mêlée devient générale; ils sortent tous en combattant. Duménil qui se débarasse de plusieurs archers, jette un pistolet dans la chambre de Cartouche.*)

A toi capitaine.

(*Il monte rapidement l'escalier, veut enfoncer la porte, un archer qui voit ce mouvement, le frappe; il tombe blessé.*)

SCÈNE XVIII.

CARTOUCHE, seul.

(*On entend plusieurs coups de feu durant ce monologue.*)

Ils n'ont pu rompre mes liens ! quel sera mon sort ? s'ils étaient vaincus !... (*Il fait des efforts pour se dégager.*) Mes efforts sont vains !... et il me faut attendre !... attendre !... quel supplice !...

SCÈNE XIX.

CARTOUCHE, ANDRÉ, JACQUES.

(*Ces deux derniers sortent de l'écurie en se frottant les yeux.*)

ANDRÉ.

Qu'est-ce que c'est donc que tout c'bruit-là ?...

JACQUES.

Ça m'a réveillé en sursaut.

ANDRÉ.

J'n'entends plus rien... dis donc, Jacques, si j'profitions d'la fraîcheur d'la nuit pour nous remettre en route ?...

JACQUES

Tu n'es plus fatigué ?

ANDRÉ.

Non ; et toi ?

JACQUES.

Ni moi. Attends que je reprenne ma boutique.

(*Il va pour reprendre sa lanterne magique.*)

Que vois-je?...

ANDRÉ, *regardant*.

Oh! mon dieu! Jacques, regarde-donc.

CARTOUCHE.

Me reconnaissez-vous, mes amis?...

JACQUES.

C'est c' bon seigneur qui nous a traité si bien hier.

CARTOUCHE.

Oui, chez madame de Méran.

ANDRÉ.

Si je vous reconnaissons!... ah! je n' vous oublierons jamais... mais queuqu' vous faites donc là? et couvert de ces vilains habits.

CARTOUCHE.

On en veut à mes jours... j'étais sans défiance, désarmé... des scélérats se sont emparés de moi...

ANDRÉ.

Il faut avertir le père Mathieu... toute la maison.

CARTOUCHE.

Gardez-vous en bien, je serais obligé de me nommer, et j'ai le plus grand intérêt à ne pas me faire connaître... si vous ne me délivrez au plutôt, je suis perdu.

ANDRÉ.

Prendre votre place?...

CARTOUCHE.

Ne craignez rien?... c'est à moi seul qu'on en veut. D'ailleurs, à peine délivré, j'irai chercher main forte, et je viendrai vous défendre.

ANDRÉ.

Qu'en dis-tu, Jacques?...

JACQUES.

Dame, c' seigneur... il nous a fait du bien; mais il y a trop d' risques.

ANDRÉ.

Tu disais que tu te ferais tuer pour lui.

JACQUES.

Oui... on dit ça... mais je n' savais pas qu' l'occasion se présenterait sitôt.

CARTOUCHE.

Songez que si vous consentez à me servir, ma reconnaissance sera sans bornes, que mes bienfaits vous attendent, et que vos parens seront à jamais riches et heureux.

ANDRÉ.

Quoi?... nos parens...

CARTOUCHE.

Je me charge de leur sort, vous dis-je; mais hâtez-vous, dans un instant peut-être, il sera trop tard.

JACQUES.

Allons, c'est décidé... André, prête-moi tes épaules.

ANDRÉ.

Ah! ça, vous m' répondez qu'il ne lui sera pas fait de mal?

CARTOUCHE.

Je te le promets.

Me v'là.
(*Il se place devant la fenêtre, Jacques monte sur ses épaules, et saute dans la chambre.*)
CARTOUCHE.
Tâche de défaire ces nœuds.
JACQUES.
J'vas les couper; ça s'ra plutôt fait... là, vous v'là libre.
CARTOUCHE.
Changeons d'habits. (*il lui prend son costume, et lui donne le sien.*) Maintenant, mets-toi là.
JACQUES.
Est-ce que vous allez m'attacher?...
CARTOUCHE.
Il le faut... baisse la tête, et feins de dormir. Je reviendrai bientôt... adieu.
JACQUES.
N' soyez pas long-temps?...
ANDRÉ.
Descendez, j'suis au poste. (*Cartouche descend sur ses épaules.*) C'est ça, chargez-vous de la boutique, et partons.
CARTOUCHE.
Oui, partons... Ciel!... on vient.
ANDRÉ.
Rentrons-là... dans l'écurie... nous sortirons tout-à-l'heure... vous aurez l'air de vous éveiller, entendez-vous.
CARTOUCHE.
Maudit contre-temps!
(*Il entre dans l'écurie avec André.*)

SCENE XX.

MATHIEU, PIERRE LEROUX, MADELON.

PIERRE LEROUX.
Victoire! victoire!...
MATHIEU.
Les coquins!... quelle résistance ils ont faite!
PIERRE LEROUX.
Dites donc, père Mathieu, un peu plus, et vous n'étiez pas blanc.
MADELON.
J'en suis encore toute tremblante.
PIERRE LEROUX.
J'ai vu le moment où ils se sauvaient; et sans les soldats que c'te dame conduisait, et qui leur ont fermé le passage...
MATHIEU.
Il est vrai qu'ils sont arrivés-là bien à propos.

SCÈNE XXI.

Les Mêmes, EUGENE, CAMILLE, ARCHERS, *tenant* DUMÉNIL *et autres* VOLEURS.
(*Entrée des Archers et des Voleurs.*)
DUMÉNIL.
Malédiction!...
EUGÈNE, aux archers.
Conduisez ces misérables en lieu sûr.

MATHIEU.

J'ai une cave où ils seront tous à leur aise en se gênant un peu.

PIERRE LEROUX.

C'est ça, faut les mettre au frais.

EUGÈNE, à quelques archers.

Surtout ne les quittez pas.   (*On les emmène.*)

SCÈNE XXII.

Les Mêmes.

PIERRE LEROUX.

Ah! monsieur, le capitaine!

EUGÈNE.

Que me veux-tu?

PIERRE LEROUX.

Au milieu de la bagarre Nicolas vient de me dire, que je ne dois pas oublier de vous prévenir que madame de Méran, mam'zelle Alphonsine et la carriole sont sur la grand'route, à vingt pas d'ici... les archers qui sont par là, ne veulent pas les laisser aller plus loin... ils disent que c'est la consigne.

EUGÈNE.

Alphonsine et sa mère!... ah! je cours au-devant d'elles. Je dois leur éviter la présence du scélérat, qui pouvait causer leur perte... (*Aux archers.*) Ne laissez sortir qui que ce soit sans mon ordre.

(*Eugène sort avec quelques archers.*)

CAMILLE.

Et Cartouche?... (*Elle monte l'escalier, entr'ouvre la porte qu'elle referme ensuite.*) Il est là!

SCÈNE XXIII.

CAMILLE, PIERRE LEROUX, MADELON, CARTOUCHE, ANDRÉ, ARCHERS.

CARTOUCHE, entr'ouvrant la porte de l'écurie.

Je n'entends plus rien... sortons.

PIERRE LEROUX, à Madelon effrayée.

Ah!...

ANDRÉ, bas.

Il y a encore queuqu'un.

CARTOUCHE, bas.

On nous a vus... parle!...

PIERRE LEROUX.

Qu'est-ce que c'est ça, bon dieu!...

ANDRÉ.

Oh! n'ayez pas peur, monsieur et Mam'zelle, nous sommes deux pauvres gens, à qui on a permis de reposer un instant dans cette écurie... et nous allons partir... v'là tout.

PIERRE LEROUX.

C'est tout simple... elle est terrible c'te Madelon.

MADELON.

C'est fini... j'mourrai d'frayeur, aujourd'hui.

ANDRÉ.

Vot' serviteur. (*à Cartouche.*) Viens, Jacques.

CAMILLE.

Où allez-vous?...

CARTOUCHE, à part.

Camille!...

ANDRÉ.

Vous le voyez, nous sortons...

UN ARCHER, à la porte.

Oui, mais, on ne passe pas.

MATHIEU, entrant.

Ah! vous voilà, vous autres... (*Aux archers.*) Vous pouvez les laisser aller, j'les connais; ce sont deux pauvres diables qui se sont arrêtés ici, et qui viennent de dormir là, sur la paille.

UN ARCHER.

C'est très possible; mais j'ai la consigne de ne laisser sortir personne.

MATHIEU.

Si c'est comme ça, je n'ai plus rien à dire.

MADELON.

Qu'est-ce qu'il porte donc là, sur son dos?

ANDRÉ.

Ça, mamselle, c'est une curiosité... une optique.

PIERRE LEROUX.

Quieus! ça doit être curieux ça... une curiosité; dites donc, père Mathieu, qu'est-ce qui nous empêcherait de r'garder son op... opique.

CARTOUCHE.

Au diable l'imbécille, avec son invention.

MADELON.

Ah! oui, l'optique du savoyard! ça doit être curieux, gentil!..

CARTOUCHE.

Ça nous est impossible; il faut absolument que nous continuions notre route.

Ier. ARCHER.

Est-ce que vous n'avez pas entendu que je vous ai dit que vous ne sortiriez pas sans la permission du capitaine.... contentez ces braves gens, puisqu'ils vous en prient.

PIERRE LEROUX.

Mais dites donc, nous paierons oui.

MADELON.

C'est-à-dire, que mon oncle payera... car ils ne nous ont rien laissé.

MATHIEU.

Allons, puisqu'il s'agit de gagner de l'argent, vous ne pouvez pas refuser.

ANDRÉ.

Qu'en dis-tu, frère?

CARTOUCHE.

Je dis... je dis... que je préférerais cent fois m'en aller, mais puisqu'ils veulent absolument... allons, dépêchons.

ANDRÉ.

Mets ça à terre... bien. (*On place l'optique.*) Il y a place pour trois, les autres verront après; frère, c'est toi qui fera l'explication.

CARTOUCHE, surpris.

Heim!.. comment!..

ANDRÉ, bas à Cartouche.

Dans la poche de la veste, à gauche. (*Haut.*) C'est l'maître d'école de not' village qui l'a faite, aussi vous verrez.

(*On se place.*)

Messieurs et Mesdames, nous allons avoir l'honneur de vous offrir l'histoire véritable du scélérat Cartouche.

CARTOUCHE, à part.

Hein !.. que dit-il ?..

ANDRÉ.

Allons, frère, commence l'explication.

CARTOUCHE.

L'explication !.. ah ! oui, c'est ça... (*se remettant.*) M'y v'là.. (*lisant.*) Ceci vous représente la façade d'un collége... des écoliers qui vont à la promenade; remarquez ce jeune homme à la mine hypocrite, s'éloignant de ses camarades, c'est Cartouche; il s'est approché furtivement de plusieurs marchandes pour leur dérober quelques fruits... tels furent ses premiers exploits.

PIERRE LEROUX, à Madelon.

C'est vrai... regarde donc, Madelon, quieus !.. il vole des pommes.

ANDRÉ.

Cela vous démontre que les plus petites fautes conduisent aux plus grands crimes; n'est-ce pas frère ?... au deuxième tableau.

CARTOUCHE.

Oui.... oui.... au deuxième tableau. Chassé du collége, il a recours au jeu et aux plus honteux artifices; vous le voyez devant un tapis couvert d'or... attirant les dupes, et... (*à André.*) est-ce fini ?

ANDRÉ.

Pas encore !

CARTOUCHE, à part.

C'est passablement ennuyeux !.. allons, finissons. (*Haut.*) Troisième tableau : le voilà, la nuit sur une grande route, à la tête d'une bande... de... d'hommes armés.

ANDRÉ.

Qu'est-ce que tu dis donc ?... il y a... voleurs...

CARTOUCHE.

C'est possible... voleurs, si tu veux; ce n'est pas seulement de l'or qu'il lui faut... c'est du sang.

PIERRE LEROUX.

Et c'est en commençant par voler une pomme qu'il est arrivé-là.

MATHIEU.

Queu réflexion ça fait faire ?

CARTOUCHE.

Ainsi, voilà ce que nous avons l'honneur de vous représenter.

ANDRÉ.

Eh bien ! et la fin donc... le dénoûment... la morale...

CARTOUCHE, impatienté.

Ah! c'est assez...

PIERRE LEROUX.

J'voulons tout voir, nous payons.

CARTOUCHE.

Eh bien, parle à ton tour.

ANDRÉ.

Vous avez vu comme il a commencé, vous allez voir comme il doit finir. Va, frère... c'est pas long... en haut de la page.

CARTOUCHE, lisant.

Quatrième tableau. Voici la place de Grève... l'échaffaud... et les apprêts de la torture... (*Jetant le livre.*) Ah! c'en est trop!.. jamais... jamais... (*Il renverse la boîte, etc.*)

TOUS.

Ah! mon dieu!..

CAMILLE, qui est en scène depuis quelque temps, et qui a suivi tous les mouvemens de Cartouche.

Grand dieu!.. nous étions abusée... le voilà... c'est lui, c'est Cartouche.

TOUS.

Cartouche!

ANDRÉ.

Et mon frère!..

(*Il monte à la chambre.*)

CARTOUCHE, armé du pistolet que lui a jeté Duménil.

Oui, je suis Cartouche; et malheur à celui qui s'opposera à mon passage.

(*Il fait un mouvement pour sortir, Eugène et les Archers paraissent.*)

SCÈNE XXIV.

Les Mêmes, EUGÈNE, Archers.

CAMILLE.

Eugène... le voilà... saisissez-le...

(*On se jette sur lui. Il se débat et saute sur les barils de poudre, en dirigeant sur l'un d'eux, qu'il a enfoncé d'un coup de pied, son pistolet.*)

CARTOUCHE.

Venez donc me prendre... Cartouche et un millier de poudre vous attendent.

TOUS, avec effroi.

Ah!

EUGÈNE.

Nous saurons mourir.

CARTOUCHE.

Avez-vous fait toutes vos réflexions... nous allons faire le grand voyage ensemble.

EUGÈNE.

Tu ne nous échapperas pas.

(*Ils font un mouvement sur Cartouche; celui-ci fait feu, mais Pierre Leroux, armé d'une fourche à foin, lui fait lever le bras, et le coup part en l'air; il est saisi et traîné sur la scène; il arrache l'épée d'un archer, et veut s'en frapper; on le désarme.*)

CAMILLE.

Ce n'est pas ainsi que tu dois mourir.

CARTOUCHE.

Malédiction!

CAMILLE.

Ah! tu trembles, enfin!

CARTOUCHE.

Moi!.. je t'attends au lieu de mon supplice.

CAMILLE.

J'y serai!

FIN DU TROISIÈME ET DERNIER ACTE.

Imprimerie de Chassaignon, rue Gît-le-Cœur, N°. 7.

www.ingramcontent.com/pod-product-compliance
Lightning Source LLC
LaVergne TN
LVHW052109090426
835512LV00035B/1458